精品沙龙营销

金融营销产能暴增
指导手册

陈楠◎著

图书在版编目（CIP）数据

精品沙龙营销 / 陈楠著 . — 北京：北京联合出版公司，2021.1
ISBN 978-7-5596-4671-2

Ⅰ . ①精… Ⅱ . ①陈… Ⅲ . ①金融产品—市场营销学 Ⅳ . ① F830.9

中国版本图书馆 CIP 数据核字 (2020) 第 208302 号

精品沙龙营销

作　　者：陈　楠
出 品 人：赵红仕
选题策划：北京时代光华图书有限公司
责任编辑：牛炜征
特约编辑：王萌萌
封面设计：新艺书文化

北京联合出版公司出版
（北京市西城区德外大街 83 号楼 9 层　100088）
北京时代光华图书有限公司发行
北京雁林吉兆印刷有限公司印刷　新华书店经销
字数 192 千字　　787 毫米 ×1092 毫米　1/16　16 印张
2021 年 1 月第 1 版　　2021 年 1 月第 1 次印刷
ISBN　978-7-5596-4671-2
定价：68.00 元

版权所有，侵权必究
未经许可，不得以任何方式复制或抄袭本书部分或全部内容
本书若有质量问题，请与本社图书销售中心联系调换。电话：010-82894445

推荐序 从未间断的沙龙，在如此美好的行业 V

推荐序 专业制胜，实战为王 VIII

推荐序 不忘初心，砥砺前行 X

前　言 我眼中的精品沙龙营销 XIII

01 精品沙龙营销，颠覆传统营销价值观

趋势篇——精品沙龙营销是未来服务客户的最重要形式 / 003

策略篇——精品沙龙营销能够帮我们解决的核心难题 / 007

能力篇——不会经营精品沙龙的主管不是好主管 / 017

认知篇——精品沙龙营销的正确认知 / 025

02 跳出传统沙龙营销怪圈

客户真的很难约吗 / 041

没有礼品就无法成交吗 / 049

沙龙现场促成很难吗 / 056

为什么大家都不愿意参加沙龙 / 063

会后追踪客户为什么再也追不到 / 073

精品沙龙营销与组织过程中如何发动集体的力量 / 083

03 科学组建精品沙龙营销功能小组

策划组——精品沙龙营销的总体谋划者 / 095

会务组——精品沙龙营销的流程主导者 / 100

灯光组、摄影组——精品沙龙营销的氛围营造者、记录者 / 112

音控组、财务组——精品沙龙营销的物资保障者 / 117

礼仪组——精品沙龙营销的细节体现者 / 122

主持人组——精品沙龙营销的节奏把控者 / 128

理财规划师组——精品沙龙营销的目标促成者 / 133

04 巧妙布局营销会场，关注细节完善流程

精品沙龙营销会场布局的五大模式与特点 / 143

细节决定成败——会场布局的必备要素与细节管理 / 150

"1+1如何大于2"——工作人员的有效配合与流程管理 / 155

05 精品沙龙营销活动经营策略创新

明确客户定位——一切以客户需求为导向 / 161

精准活动策划——精品沙龙营销活动从策划开始 / 163

特色产品解析——用客户熟悉的语言进行描述 / 165

情景案例设定——活动需要融入情景 / 165

营销工具设计——营销工具促成活动执行 / 171

06 精品沙龙营销活动策略方案模板解析

宝妈系列活动——"小小牙医"(体验沙龙) / 177

个体户系列活动——"我的养老我做主"(理念沙龙) / 180

私营企业主系列活动——"百万手拉手踏青"活动(转介沙龙) / 185

白领系列活动——"储备未来,赢在当下"(促成沙龙) / 189

高端个人专场答谢会——"成就百万,承担信任"(转介沙龙) / 192

07 精品沙龙营销主讲创新内容设计

主讲嘉宾是这样炼成的 / 199

主讲内容逻辑设计与梳理 / 218

精品沙龙营销主讲内容设计——以保险沙龙为例 / 224

特别鸣谢 / 236

从未间断的沙龙，在如此美好的行业

2004年，我从一名科级公务员转行进入保险行业。无数人问过我："是什么让事业蒸蒸日上的你，下定决心放弃大好前程，跨领域进入当年不被认可的保险行业？"说到选择的过程，我可以写本书讲述原因。但说到下定决心的那一刻，只是因为我应邀参加了一场由保险公司举办的妇女节庆祝活动。

这是一场将细节做到极致的活动。这家保险公司在举办活动的大楼每一层拐角都配有一名迎宾人员，每个人都妆容精致、优雅有礼。同时，保险公司为每一位来宾准备了玫瑰、丝巾、指甲油、眉笔等礼物。

我还没进入会场，便听到了从会场传出的清新乐曲。当我走到会场门口时，门口签到台前一排年轻小伙子便齐声高喊："欢迎光临，节日快乐！"当我头戴花冠、手握荧光棒时，我仿佛瞬间成了真正的女王。

会场内鲜花萦绕、茶果飘香，四周精心布置了美甲、画眉体验位。我这才恍然大悟：原来，这不是个平凡的节日，我也不是身着奋斗盔甲的"战士"，而是被世界捧在手心的小女人。

这也是一场用心的活动。活动没有刻意的开始。主持人手拿酒杯登台，围绕"要做个真正的女人，既能享受今天的美好生活，也能无惧未来的风雨飘摇"这个主题，将她的故事娓娓道来：她为全职妈妈时，曾面对无人重视、家庭琐碎的迷茫担忧；进入保险公司后，她又是如何做到家庭事业两不误，并找到了"自尊自立自强自信"的人生价值。

因为这一场活动，我就做出了一个决定，也让我成了当地第一个从公务员岗位上辞职进入保险行业的人。直到现在，虽已过16年，但每逢这段往事被人谈起，它都依然被定义为当地当年不可思议的事情。

进入行业后我才知道，这种活动叫"沙龙"。我相信活动的力量，它是氛围，是气场，是聚焦，是效率。所以，当年作为观众的我，从被动登台到金牌主持、王牌主讲、活动主办、批量传承，一步步参与、领悟、升华甚至直到评判，越来越觉得沙龙并不简单——它融合了营销学、心理学、礼仪学、管理学等理论实践，可以有章法、不打折扣地做出很多经典。但我却始终忙于各种活动，从未进行系统梳理，甚是遗憾。

陈楠在金融行业为许多保险公司、银行做了专业性、系统性的培训，受到业内人士的广泛好评，她本人也积累了丰富的经验。陈楠敢将本行业业内人士最熟悉的沙龙工作形式著作成书，这是带有系统思考的底气的！

我相信，每位看到这本书的业内人士一定心情不一，甚至不排除有人会嗤之以鼻。我建议您不妨静下心来，谨慎思考一下：为什么这么多年以来，大量的活动充斥着市场，活动效果却每况愈下？现在很多人把到场率低、成交率差等都归咎于市场成熟、客户专业、产品陈旧、竞争太大、监管过严等。然而，这到底是真正的答案，还是为浮躁而找的理由，我们心知肚明。

如果我们不愿再自欺欺人，不愿再低效投入，就应该敲醒自己，明确怎样才能把活动做得精致一些、用心一些、创新一些、认真一些。我认为，这比为开会而开会更重要！而在陈楠的这本书中，我们可以找到一些思路与答案。

因为一次活动,我的人生轨迹被改变。我也曾用数次活动帮很多人找到人生价值,让更多人成为被保险呵护的对象。所以,当我看到陈楠愿意耗时耗力将沙龙营销的经验整理成书,供诸位参阅共享,我便欣然同意作序。

感谢陈楠愿意把经验整理成册与大家分享!我希望每位业内伙伴都能做到"己欲立而立人,己欲达而达人",我也相信保险行业的精英永远记得"不忘初心,方得始终"!

泰康人寿　王晓妍

专业制胜,实战为王

近年来,陈楠老师在金融行业给很多保险公司、银行做了系统的培训,涉及的培训主题包括管理、转型发展等众多方面。她的培训系统性强、与时俱进,具有专业性和实操性,帮助保险公司、银行的管理者和骨干提升了专业能力,提高了管理水平,得到了培训学员的高度肯定,也收获了很多忠实的粉丝。

我很高兴看到陈楠老师能够在百忙之中抽出时间来把自己的专业积累和精彩案例整理成书出版,让更多金融行业的从业人员能够从书中学习和受益。这本书所讲述的精品沙龙营销,正是目前金融行业中的保险、银行与个人客户互动的最主要营销模式和服务手段,甚至是很多公司最依赖的业务来源。

不同公司、不同团队对于沙龙营销的理解不一,会造成沙龙营销的系统性和精细化程度不一,沙龙营销水平也参差不齐。另外,由于缺乏创新,客户参加的同质化沙龙越来越多,出现了审美疲劳。更可怕的是,有些机构因为急功近利地要出业绩,就把沙龙营销的主要策划精力放到了签单即得礼品上,将沙龙营销变成了送礼大会和促销展会,严重损害了公司和行业形象。

陈楠老师在这本书中,列举了大量实战案例,以极强的逻辑性和严密性明确了精品沙龙营销要以客户体验为中心，做好精品沙龙营销的系统打造和细节管理，不断进行迭代创新，才能做出效果，从而得到客户的持续认可，确保永续经营。所以说，这本书将会是金融行业和所有想做线下客户经营的服务行业开展精品沙龙营销的系统而全面的实战指导手册。

  我希望有更多的人通过阅读陈楠老师这本实战性极强的书，进行实践和创新，开展更多精品沙龙，提高销售和服务能力，改善客户对沙龙的体验。也希望陈楠老师能够把更多的专业经验和实战案例整理并出版，以便帮助更多有志向做好专业经营的金融行业从业人员不断提高专业素养和服务能力！

安信保险经纪 邓伟

不忘初心,砥砺前行

能为陈楠老师的这本书作序,我感到很荣幸。虽然我们都是商业讲师,但是在很多方面我很佩服甚至膜拜陈楠老师。正好借写序的机会,我把陈楠老师的专业能力和专业态度介绍给大家。

我是在陈楠老师刚加入深圳市华师兄弟文化传播有限公司(以下简称"华师")的时候认识她的,我们同是东北人,都给金融机构讲课,因此很聊得来。后来,由于她的优异表现,我就更加关注她了。她从加入华师做商业讲师开始,到讲保险营销课讲到全国最好,奋斗了6年。

令人钦佩的奋斗精神

陈楠老师是勤奋的人。一位商业讲师一年能讲多少天课?很多读者可能认为是100多天,有人猜最多200天。然而陈楠老师的数字是惊人的,最多一年讲252天。这200多天也不是只在一个城市上课,而是全国天南地北地飞,上完一个地方的课,就要立刻飞到下一个城市,这就是商业讲师圈内常说的:"我们不是在上课,就是在去上课的路上。"此外,一般公司一天的授课时间是6小时,保险公司的授课时间经常是一天9小时。我们可以看出陈楠老师一年的课时量大得惊人!因此,她也连续三年被称为"华师一姐"。

我曾问过陈楠老师,是什么支持她这么拼。她说,她喜欢挑战不可能，要做就做到行业最好。要做到最好，课量就是第一指标，有足够的课量，才能快速地锻造课程；一旦课程成形，受到客户的欢迎，就必须以最快的速度将课程打造成市场上的第一品牌，这也需要课量的保证。陈楠老师的课程成为保险培训第一品牌，不是炒作出来的，而是一堂课一堂课讲出来的，是每年十几万公里飞出来的。所以，当你读这本书时，我希望陈楠老师的拼搏精神能注入你的灵魂。毕竟，无拼搏，不营销。

千锤百炼的专业态度

陈楠老师是创作高手。她已经出了两本书：《保险合伙人：寿险高效增员实战手册》是保险行业的热卖书籍，在我的课堂上就有很多学员提及这本书；《银行网点转型之道：重新定义银行网点》是陈楠老师和杜晶晶老师联手打造的银行网点经营的专业类书籍，也是众多银行行长的必读手册。

她十分善于学习，每年都会参加很多专业的学习活动和论坛，谦虚地向各专业领域的专家请教，丰富和完善自己的课程内容。同时，她也完全不拘泥于课程形式，善于挑战固有模式，创造性地提出问题。她常问："这是不是客户想要的？这个内容是不是能给客户带来直接的效益？"在这些问题的引导下，她的课程选题越来越实在，她的课程互动越来越有效，她的学生在应用之后，也越来越容易直接取得效益。她独创了"陈氏教学法"，并将此方法传授给很多保险行业的内训讲师，让他们尽快在公司内部提高培训效率。所以，当你读这本书时，我希望你成为一个谦虚的人，一个善于学习和挑战自己的人，一个敢于否定和超越自己经验的人。毕竟，无否定，不超越。

对家人的爱与责任

陈楠老师是有爱与责任的人。我见到过陈楠老师的家人。好几次公司组织旅游，陈楠老师都是带母亲去的。我请她们吃饭，陈楠老师在母亲面前就是个乖乖女。有一次我到长春讲课，陈楠老师让她先生招待我。她先生在长春经营着当地规模最大、服务最好的宠物店。夫妻二人有点神仙眷侣的味道，各自在自己热爱的领域拼搏，又互相支撑。

陈楠老师对家人的爱和责任，让她对保险代理人的责任有着深刻的理解。她说："每一名保险代理人都不容易，都肩负着对家庭的责任和客户的责任。我的知识让他们学到了，用到了，有效果了，产生收益了，他们才能更好地爱家人呀！"所以，当你读这本书的时候，我希望你带着爱和责任去学习。毕竟，无深爱，不当责。

彻底的实用性

此书为读者详细拆解了金融营销中最新的营销方式——精品沙龙营销。可能很多读者还没听说过精品沙龙营销，或者只听说过却没用过。我拜读了书稿后，认为此书有三大特点。

第一，模式的新颖性。当你开始应用时，你周围的竞争者可能都没开始应用，或者没有掌握，你就具备了竞争优势。

第二，细节的全面性。此书针对精品沙龙营销的全流程和不同人群的细节，全面展开，丝丝入扣，是一本能让人一学就会的操作手册。

第三，彻底的实用性。这些方法都是陈楠老师对学生在学习应用后的反馈进行的总结，是经过无数次实践萃取的有效方法，你完全可用。

未来，陈楠老师的发展不可限量；而陈楠老师的学生，财富不可限量。

创业导师　罗树忠

我眼中的精品沙龙营销

我从事金融行业培训工作十余年来,见证了金融营销培训模式的不断迭代与变迁。让我感触最深的是,诸多金融从业者在营销模式变革过程中产生的无助与无奈。其实无论在何时,市场无论应用哪种营销模式和策略,只要用心地把这个模式根植于团队中,做到精益求精,都能够把营销团队带出惊人业绩。在众多的金融营销模式当中,沙龙营销扮演着重要角色。对于沙龙营销主题的培训,我也已经接触十年有余。我的团队针对这方面的研究,不断更新迭代,只希望能够做到优秀。

最近几年,随着资管新规的出台、市场环境的变化,沙龙营销越来越成为各个金融行业营销队伍的必备技能。当我的合作伙伴向我咨询如何才能开好一场沙龙的时候,我能深刻地体会到,激烈的市场竞争带来的高强度业绩压力。沙龙营销似乎已经成了大家现在的救命稻草。但据我了解,真正能够把沙龙营销做到优秀的人和团队少之又少。

太平洋保险公司北京分公司的培训部经理白总是我多年的好友。她说:"陈楠,你能成功,就是你把大家都觉得很简单的事情做到了极致。这些耳熟能详的道理,大家都明白,但每个人做的时候都在打折。而你和你的团队在做的时候,却不断加分,所以你的成功绝非偶然。"我想,这也许就是我最核心的竞争优势吧。

我想在您阅读正文之前，把我的思想向您做一次系统的介绍。

传承是从每个细节开始做起的

苹果公司的创始人乔布斯虽然已经离世，但苹果公司产品的品质一直在延续。这是因为乔布斯在苹果公司的研发团队中，植入了严格的细节管理要求。众所周知，苹果手机即便拆机，人们看到的也是一件艺术作品。因为在别人看不到的细节上，苹果公司产品的设计都追求着极致和完美。这支研发队伍在产品的设计上根植了"处处皆精品"的理念。而我们在团队的经营过程中，也将细节做到了极致。

团队中每一个功能组都是至关重要的。功能组要把自己的小组工作做到极致，就需要将细节管理成体系。这样，任何一个新人进入功能组后，都能够进行系统的学习。如果功能组在经营中经常忽略细节，必然导致问题的出现。与传统的沙龙营销不同，精品沙龙营销是将一个又一个的细节不断地进行优化的过程。如果功能组成员对于他们所在的岗位缺乏清晰的理解，不能以岗位优化与细节管理为核心工作职能，而仅仅只是为了完成工作，最终只会与优秀渐行渐远。

精品沙龙营销以客户的体验为中心

我记得一个营销伙伴跟我说过这样一句话："不以促成为目标的沙龙，就不是一场好的沙龙。"这位营销伙伴之所以能够说出这样的话，多半是因为长期的业绩指标压力已经导致他们对沙龙营销的理解出现了严重偏差。

现在大家似乎陷入了一个误区：如果不能在沙龙现场实现高绩效，就对不起人力、物力的投入。但这种想法恰恰忽略了沙龙营销的本质，也忽略了客户购买的本质。我们需要明白，客户之所以选择购买我们的商品，主要就是出于对我们的信任。因此在精品沙龙营销中，我们不能忽视客户的体验与感受，失去客户的信任。如果一场沙龙连客户的体验都无法考虑周全，也就无法获得客户的信任，那么这场沙龙注定是失败的。

现在已经是一个体验化、场景化的时代，如何让客户在我们的服务现场体验到良好的服务品质，才是我们思考和衡量的沙龙营销质量的关键。如果无法做到这些基本的精品沙龙营销服务职能，那么促成也就无从谈起。

创新与迭代要融入每一次经营中

沙龙营销并不是一成不变的。然而现在我在各家公司经常会看到令人心惊胆战的一幕：每个公司的沙龙营销过程，竟然惊人地相似——流程相似、活动相似，甚至有时候不同公司的主讲嘉宾演示的PPT也相似。这就不难想象，为什么大多数的沙龙营销活动效果欠佳。

如果客户在A公司看到的沙龙营销内容和在B公司看到的一模一样，那么他们就会对沙龙营销越来越麻木，最终就必然导致邀约难、促成难。出现这种情况的原因就是营销队伍太过于依赖拿来主义。

我到各个公司上课的时候，都会遇到很多营销员向我讨要主讲嘉宾的课件的情况。大家都觉得拥有一份主讲嘉宾的PPT，就能够解决自己遇到的所有营销问题。其实，这恰恰忽略了自我创造的能力。只有不断进行的创新与迭代，才是给我们带来持续业务增长的基础，这也正是我所倡导的精品沙龙营销的生命力所在。此外，了解一个营销系统的底层逻辑，有助于我们掌握问题所在，从而清晰地制定、改进和完善方案。

企业家思维是以构建系统为核心

我经常跟大家分享企业家思维，这也是我在金融行业中工作多年获得的最宝贵的经验和财富。每次上课的时候，我都会问大家是不是真的有企业家的思维。因为我发现大多数时候，我们都只是用员工的思维工作，却意图赚企业家应该赚的钱。

什么是企业家思维？我的理解就是"作为企业家，我们的利润来源就是我们自己构建的系统。我们要让所有跟我们一起工作的人通过这个系统，创造高于个体工作而产生的价值。企业家真正的收入来源，就是系统赋能带来的利润"。

我在金融行业从业的十余年时间里，一直致力于构建团队的自主经营系统。因为有了这个自主经营系统，我成功地在一家认可我的公司实现了自主经营的梦想。也正是这种企业家思维，让我在离开这家公司以后，陆续创办了四家属于自己的公司。

但人的精力都是有限的，由于我每年外出的时间太长，平时公司的运营都是在用这套系统化的管理模式经营。所以，企业家思维也是在自己的营销体系中，构建一个又一个的自主经营系统，让系统自动产生价值。

综上所述，我相信我已经颠覆了很多人打开这本书的想法。因为大多数人关注此书的目的是在这本书里快速找到可以复制的沙龙营销案例和模型。但我更希望大家通过此书，能够快速构建一个真正的精品沙龙营销经营系统。

所以本书着重介绍一套系统的方法论，把我多年在各家公司总结的经营管理思路进行系统的整理和完善，从而帮助大家打开一扇永续经营精品沙龙营销的大门。如果你已经准备好颠覆传统思维，迎接精品沙龙营销的时代，欢迎你的到来！

最后，非常感谢为这本书写序的领导和朋友，是你们一路的支持和帮助，才让我有幸不断迭代和完善课程体系。书中有一些案例是由课堂上认真学习和兢兢业业研讨的伙伴提供的，在这里也要感谢你们的参与。也感谢百忙中认真阅读此书的您。我也期待越来越多的人能够完善自己的精品沙龙营销经营系统，从而赢取属于自己的美好明天！

你的朋友　陈楠

01

精品沙龙营销，
颠覆传统营销价值观

固守传统的营销模式,只会让你掉入死循环。
解析沙龙营销的奥秘,会颠覆你的营销价值观。

01 精品沙龙营销，颠覆传统营销价值观

○● 趋势篇——精品沙龙营销是未来服务客户的最重要形式

沙龙营销是大家最熟悉也最不熟悉的营销模式。说它熟悉，是因为这种营销模式在金融行业营销系统中已经存在很长时间。银行的网点沙龙和保险公司的客户答谢会，都是沙龙营销的重要组织形式。

但是随着这种营销模式的使用越来越多，沙龙营销反而成了金融行业"最熟悉的陌生人"，不再是可以协助团队达成绩效目标的有效方法，反而成为一种流于形式的工具。也恰恰是这样的现状，导致很多营销队伍的管理者经常会怀疑是否是这种营销模式出了问题。

随着业务压力越来越大，很多营销管理团队都遇到了这样的问题：营销压力逐渐转变为硬性任务，沙龙越来越多，经营管理者在组织和运营沙龙的过程中的工作也越来越流程化。

有一次我给一家公司讲沙龙营销模式，主办方准备了20桌热餐的客户答谢活动。结果活动快要开始了，才来了5桌的客户。我问公司领导："才来了5桌的客户，确定开吗？要不要取消？"对方说：

"你放心讲，一会儿就来人。"结果，在我大概讲了一半内容的时候，又来了十来桌的客户。

后来我才知道，这家公司对每一场沙龙都下达了硬性任务，每一名营销员必须邀约一定数量的客户到场，并提前收取费用，如果客户不到场还要罚款。制定硬性任务的出发点是好的，但容易带来这样的结果，即营销员带着老婆、孩子来吃饭，充人数。

现在很多公司都多多少少面临着这样的问题，大家把产品说明会变成了一种硬性任务，以至于把沙龙变成了公司内部请客吃饭的福利。

可想而知，这样的沙龙举办得越多，营销员就越缺乏信心。另外，还会导致客户丧失兴趣，久而久之，就会出现我们之前说的那种情况——沙龙逐渐变成一种硬性任务，公司不得不举办，客户也不得不参加，耗费了大量的人力、物力和时间。无论从客户的角度，还是从公司的角度来看，最终都没有带来预想的结果。

这样的沙龙既不是我们想要的，也不是我们所期待的。为什么现在各家公司还在号召营销员举办客户答谢会，通过沙龙营销的模式进行促成呢？这是历史的选择，也是营销发展的必然趋势。

在20世纪80年代，万元户都算是有钱人。然而对于只有1万元左右财富的家庭而言，可选择的理财形式并不多。当时市场上经营的理财产品也比较简单，人们最多就是去银行里买一点国债。那个时候的营销模式是"坐商"模式，即销售不需要走出去，就可以把产品卖出去；人们不需要营销员做任何的推销或者营销的动作，购买行为是主动产生的。当时的金融行业从业者只需要简单地了解各种产品的特点和利率情况，就可以对客户进行产品解析，所以从业者的营销能力也仅停留在对产品解析的水平。

20世纪90年代，整个中国的金融行业都处于基础金融产品普及阶段，保险营销更是处在起步阶段。对于大多数营销员而言，不要说能够把客户组织到一起举办沙龙了，就是见面谈保险都是很难获得认可的。

自2001年我国加入世界贸易组织后，我国经济开放程度进一步提高，金融产品模式也不断创新。这时人们才明白，原来自己的钱还可以用来买基金、股票、投资性保险等诸多金融产品。这个时候，经济的竞争不仅是金融行业的竞争，它已经扩散至整个金融系统中了。老百姓的金融需求激增导致坐商模式走向没落，越来越多的金融行业从业者从办公室走出来，开始了"行商"的营销模式。营销金融产品的难度也从以前简单介绍产品升级为要学会做客户的需求分析，在初级阶段建立的产品解读的能力变成了"顾问式营销"模式中最基础的环节。也正是在这个时候，保险公司开始大量地吸纳市场上的人员，打造营销团队。

还是以金融行业中的保险行业为例。保险行业的第一个黄金十年是1998—2008年。在这段时间内，保险行业吸引了大批的营销员进行拓展营销，这段时间也可以说是市场金融理念普及的核心阶段。行商模式成为这段时间的营销模式转型的关键。

然而到了2010年以后，这种一对一的行商模式显然也跟不上市场的发展需求了。因为随着普惠金融概念深入民心，普通客户对保险的需求越来越大,一大批中产阶层崛起,市场的保险购买需求量远远超过了保险公司营销员的服务能力。这时候,金融行业不得不导入"会销"的营销模式。这种营销模式也被称为"策略化的营销",就是以客户为导向,把同质客户聚集在一起,组织一对多的营销活动。营销方式虽然迭代了,但是如果我们对于顾问式营销的方式掌握得不透彻,会销模式就很难起到作用。因为顾问式营销是会销模式的根基,失去了这个根基,会销模式也就无从做起。在这个阶段,各家公司纷纷在这种模式上下足了功夫,各种形式的会销遍布全国,大家的核心宗旨就是通过会销来实现客户经营与产品营销。

我们预测在下一个阶段,也就是2020年后,家庭化服务、社群化营销将会变成新的营销方式。随着综合金融模式的深入转型,在零售型金融市场的竞争已经成为常态化的今天,各家银行纷纷打造自己的主题银行、社区银行等,都是在为下一个营销风口期做准备。社群化营销就是无数个会销组建起来的营销模式。随着营销模式的逐渐发展,营销模式迭代的过程就是对上一个阶段营销模式的深度夯实,并基于基础模式进行创新以及多维改造的过程。精品沙龙营销将成为未来的基础营销模式。

精品沙龙营销模式在营销模式的持续更新和迭代过程中显得至关重要,主要体现在它符合新零售时代客户价值营销的基本构架。以前的营销模式主要是以强制推销为主,以客户价值为导向的营销为辅,需要客户先主动做出采购决策,在成为我们的客户之后,才能够享受我们提供的服务。而互联网时代的信息爆炸削弱了原本由信息不对称带来的营销优势,促使客户体验成为购买决策之前的关键环节，客户需要在做出购买决策之前对所购买的商品以及未来会提供的服务做优先的体验，再进行购买决策。在这种营销模式的转化过程中，场景化的体验服务以及精准客户的价值分析能力就变得更加重要。传统的一对一的营销模式越来越无法满足当代客户的需求，而精品沙龙营销既可以为客户创造良好的体验场景，又能够为金融行业从业者创造良好的培养客户金融常识、构建财富基本理念的机会。所以，精品沙龙营销必然成为下一轮营销模式转型的关键。

○● 策略篇——精品沙龙营销能够帮我们解决的核心难题

之所以说精品沙龙营销是未来金融行业营销的重要模式，主要是因为精品沙龙营销可以实现一对多的客户服务和财富理念导入，我们可以运用这种营销模式进行客户经营和客户管理活动。

如何有效运用精品沙龙实现营销目标呢？

首先，我们要理解精品沙龙营销的多样性。在不同的客户经营和维护阶段，不同的沙龙营销模式必然带来不同的效果。近些年各家公司在沙龙营销的操作上比较重视模式创新，认为只要主题改变了，营销模式创新了，或者礼品越来越精美了，就可以改善沙龙营销的现状。而事实上，如果我们不能够理解新零售时代客户经营的底层逻辑，无法构建一个以客户价值体系深耕营销为核心的沙龙营销策略系统，那么无论如何创新都无法带来持续的业务增长。

作为金融行业从业者，我们必须明白一个基本的道理：金融行业尤其是保险行业的经营是需要厚积薄发的，是需要持续经营客户终身价值的，所以我们需要运用有效的沙龙系统来实现客户的可持续营销。

其次，对于现阶段的客户经营而言，我们必须突破原本的客户导向思维，转向客户价值思维。思维模式的转变是我们做好客户经营的根本，如果我们停留在原本的客户导向思维里，很容易形成一种价值理念——客户先消费，才能够接受我们的服务。但实际上现阶段客户的价值营销的前提是我们作为经营方先向客户提供服务，再经由我们的服务构筑客户信任，最终形成客户的长期购买。

我有一门"储客1+100"的课程是教大家如何保证团队里的每一个人能在一个月内实现100名以上新增客户储备量的。这个课程的核心是基于现代客户价值经营思维进行的可持续性营销。在这一系列的营销策略当中，精品沙龙营销是其中最关键也最核心的营销模式。

接下来我们运用一个"宝妈"类客户群体营销案例，让大家了解什么是精品沙龙营销；同时，也让大家了解精品沙龙营销是如何实现可持续营销的。

宝妈类客户群体是我们日常在经营中最关注的，也是非常大众化的一类客户群体。该类客户的特点是时间相对自由、可获得性较强，对家庭财富具有一定的决策权，更关注孩子的健康、教育和其他家庭成员的健康。我们通过三个阶段的活动构建了一个可持续经营的营销策略方案。

第一阶段：让客户喜欢我们，解决客户的一级痛点。

宝妈的一级痛点当然是孩子的教育。所以只要我们在举办活动的过程当中以子女教育为核心，就能够获得宝妈的认同，并能够让宝妈们批量参与到互动中来。

第一阶段的活动叫作"小小报童公益拓展活动"。这个活动通过组织小区内的孩子卖报纸，提升孩子的沟通能力、团队意识以及在陌生环境下的应对能力。

营销员到小区内去认识陌生的宝妈，通过公益活动让宝妈们参与进来，并加入微信群。当微信群内的宝妈数量达到100个左右时，我们会邀请所有的宝妈在小区内或公司进行第一次的接触。首次接触活动的重点是介绍公司背景和活动基本流程，并且让各位宝妈相互认识。这次活动的意义在于让她们首先接触公司，对公司不会产生抵触情绪。同时在宝妈的相互介绍中，我们也可以为各个家庭建立初级档案，方便后续的服务和追踪。

初次接触活动的第二天，我们邀请宝妈和孩子一起来公司参加我们的培训。培训的主要内容是孩子在遇到危险时应该如何应对，以及与陌生人沟通的技巧。

接下来就是卖报纸。我们将参加活动的孩子们分成几个小组，告知他们卖报纸的流程以及活动的奖励方案。这个活动可以让孩子学会与陌生人打交道，掌握基本的沟通技巧，培养孩子的团队意识。一般我们会选择公园、图书馆、大型的商场等交通便利、安全的地方，并且由宝妈陪伴进行小组卖报纸活动。我们会将所有卖报纸的收入用于组织一次小区范围内的公益活动。

通过这样的过程，我们可以与宝妈和孩子进行深入接触，对他们的家庭有更加深入的了解。这时候我们就需要对客户进行一次识别与分类，让不同的客户参与到不同的后续活动中。

第二阶段：让客户信任我们，参与到日常活动中来。

针对客户的不同需求，我们可以组织不同的活动，让他们能够积极参与进来。只有持续不断地接触，才能让客户更好地了解公司和我们的经营理念。所以在第二阶段中，我们针对比较关注健康的宝妈，会举办一些健康类专题活动；针对比较关注子女教育的宝妈，会举办一些教育类专题活动；针对希望找到新工作的宝妈，则举办一些精品小创会活动。

举一个关于增员活动的例子：放风筝活动。这个活动主要针对一些时间相对自由的宝妈。我们会邀请宝妈带着孩子在周末到公园放风筝，并在活动期间举办一次野餐聚会，将宝妈和孩子分成不同的小组，让他们一起动手做汉堡包野餐。这时，宝妈们要相互介绍自己，并让孩子记住一个小组里的宝妈都是做什么的。

为了达成更好的效果，在活动中会有一位宝妈首先进行自我介绍，并介绍精品小创会的内容。这样的活动会让客户在不经意之间对我们的工作形式、工作内容、职业发展等有所了解。在这个过程中，自然会有一部分宝妈主动询问是否能够加入团队，一起工作，她们就是非常优质的准增员对象。类似的活动在我自己一个学员的公司里几乎每周都在举办，最好的数据是邀约了50位宝妈，其中有37位宝妈上岗。

再举一个关于教育类专题活动的例子：小小艺术家活动。这个

01 精品沙龙营销，颠覆传统营销价值观

活动主要针对一些关注孩子兴趣爱好的宝妈。我们会邀请宝妈带孩子参加一个陶艺活动，由陶艺店店长给孩子们讲解如何制作陶碗，并带领小朋友亲手制作。

在小朋友制作的过程中，我们会邀请宝妈一起分享关于子女的教育金储备的观点，与她们开诚布公地探讨，了解每一位宝妈对于教育的看法，以及其家庭教育金储备的情况，进一步进行产品介绍和促成成交。因为陶瓷的烧制需要一定的时间，我们会将烧制好的陶器送到客户家中，这次接触也能够大大增加我们的促成概率。

第三阶段：让客户信赖我们，经常与我们互动。

以上活动可以让客户更好地了解我们的公司、服务以及产品，但这并不代表客户一定会选择采购或者加入我们。所以我们要持续地跟进活动，以确保与其进行不断的联系。

我们都知道，信任不是通过一件事情或者一天就能够产生的，只有不断地与客户接触，才能够加深客户对我们的印象。事实上客户在活动现场不埋单，并不代表后续不能进行持续跟进。但大部分营销活动都止于活动现场，不能形成持续的客户经营模式。而在我们活动体系内会有接下来的宝妈旗袍秀、儿童健康餐、家居生活小窍门、插花与家庭艺术等适合宝妈们参与的活动，她们参加5次、10次，总有一次活动能够打动她们，或者在某一个时间节点，她们刚好有购买的需求，就可以选择我们。

案例中提到的三个阶段既是精品沙龙营销实现可持续营销的三个阶段，也是潜在客户变成真正客户的三个阶段。从客户的价值角

度而言，他们需要经历喜欢、信任、信赖的三个过程，才能够持续选择我们的服务。从经营角度而言，我们需要做到客户体验、客户参与、客户习惯的三个营销活动设计板块。在这三个板块中，可以植入的营销策略多种多样。而在众多的营销策略中，精品沙龙营销是最有效的批量化和场景化营销策略。因为精品沙龙营销可以创造良好的客户体验，构建服务场景并且植入经营理念。这也是我们认为精品沙龙营销是未来营销策略中最基础也是最有效的营销方式的原因和依据。

那么精品沙龙营销在具体的营销过程中是如何创造客户体验、构建服务场景，又是如何植入经营理念的呢？

一、创造良好的客户体验

现阶段营销过程关注的是客户的体验感，然而以产品推销为导向的经营模式很难让客户参与进来，更不用说体验感了。传统的沙龙营销活动经常忽略客户的体验度，这就导致了部分客户在参加一次沙龙营销活动后，不愿意参加公司举办的其他活动。而精品沙龙营销活动可以帮我们把客户聚集在一起，通过活动设计、流程安排完成客户对某一个理念或者某一个产品的体验。那么如何提升客户的体验感呢？

我们曾经举办过一个"穿越时空的爱恋"的沙龙营销活动，主要邀请年轻白领来参加。我们的活动要他们"穿越"到未来——让每一位参与活动的客户体验逐渐老去的感受。

第一轮活动是"给自己化个老年装"。我们为每一位参与活动的客户都准备了可以化老年装的假发和其他化装道具，选出化装最佳的一个小组并颁发奖品。

第一轮活动结束后，我们会邀请各小组抽选场景进行演绎。场景主要是老年人生活当中的点点滴滴，这样就可以让客户身临其境地体验老年人的生活状态，活动也更具备趣味性，因此客户的参与度非常高。

整场活动结束后，我们会邀请大家给"30年后的自己"写一封信。可以想象一下，当我们老态龙钟地面对镜子的时候，自己会写什么。在青年时期，大部分人都在进行自己人生的规划，也需要对财富进行合理的规划。这时，主讲人就会恰到好处地给大家讲解如何合理规划自己一生的财富。相信这样的体验会让客户记忆犹新，更能有效地引导客户进行产品的采购。

总的来说，创造良好的客户体验就是通过活动的场景设计和活动的流程设计，让客户能够积极参与到活动中，亲自体会我们的价值理念，这样才会让客户印象深刻，也能够帮助客户做出正确的选择。教育客户是没有任何意义的，让客户体验才是销售的最高境界。

二、构建有效的活动场景

传统沙龙活动场景千篇一律，各家举办活动的差异性没有凸显，场景的同质化带来了客户的审美疲劳，让客户对沙龙营销活动越来越抵触。这也从某个维度论证了为什么在现阶段客户需要网红式的

"快感"。例如,为什么有这么多网红打卡地?其实如果我们真正去过每个网红打卡地,就会发现其设计并没有多少科技含量,而是重在新鲜,重在变化。

现阶段经常被提及的场景营销,就是通过构建某一个客户的消费场景或体验场景来促进客户实现消费行为的。不同的活动场景给客户带来的感受和体验是不同的,精品沙龙营销可以通过不同的场景构建来促使客户改变理念认知或者产生购买行为。这就需要每场活动设定不同的场景,大大提高了现代沙龙营销的难度。

精品沙龙营销的场景化布置要结合沙龙的目标以及服务的群体来进行综合设计。

我曾在银行做过一次梦想沙龙的主题活动,主要针对的客户群体是职场白领和创业老板。活动的目标是通过活动营销员更深入地了解客户当年的财务规划,并且协助客户实现财务目标。

活动现场以梦想为主题设计了一系列的场景布置,比如梦想树、梦想玩偶、梦想板等。我们在桌面上放置了许愿瓶,让每个客户先把新年愿望写好放进许愿瓶里,工作人员会帮大家把许愿瓶挂在梦想树上,并且赠送客户一个梦想玩偶。这种场景设计可以很好地把客户带入梦想即将实现的感觉当中。活动的主讲老师会以梦想规划师的身份出现,为大家讲解如何通过有效的财富规划实现自己的人生梦想。在规划师大概讲解10分钟之后,活动就会进入一个神秘的环节——梦想启航。

在梦想启航环节,我们会把所有的灯关掉,只点燃在前排摆放的一排蜡烛。伴随着动听的旋律，主持人会朗诵梦想词："愿我们的父母健康长寿，幸福常相伴；愿我们自己的事业蒸蒸日上，财源滚滚来；愿我们的孩子健康快乐、学业有成。"与此同时，客户经理会悄悄退出会场，戴上天使的翅膀，站在许愿树旁。待许愿结束，我们会请客户向后看——这时灯光打开，许愿树旁是他们熟悉的"天使"客户经理。客户此刻的感受一定是惊喜、开心的，并且也瞬间与客户经理拉近了距离。

接下来的环节是"天使"带领客户一起做梦想财富规划。此刻，大部分客户都会非常配合。这就是场景化的力量。

如果我们不运用场景的设计，激活客户的情景化感受就相对较难，这也是日常沙龙营销活动的举办往往都没有什么吸引力的原因。

其实场景无论大小，都会起到一定的作用。我们要根据客户的情况和我们活动的目标，设定可以触发的场景，这样的场景就像游戏过程中的通关奖励一样，既让每个人都很期待，也能够给人留下深刻印象。

三、植入经营的价值理念

客户的采购往往都是基于对理念的认同。组织沙龙营销活动的目标，也是通过活动流程将我们希望客户了解并认同的理念导入给客户。所以，在沙龙营销活动现场，我们要尽可能地寻找契机，运用场景，植入理念。但是在理念植入的过程中一定要注意以下几点。

1. 不要教育客户

在传统沙龙营销过程中，我们特别希望客户能够快速了解并认同理念，就会在行为上出现偏差，教育客户的情况比较明显。这样的流程和行为会激发客户的逆反情绪，毕竟成年人有时会比较反感被别人教育。精品沙龙营销过程将有效地运用体验游戏、场景布置和案例分析来导入理念，会更容易让客户接受。

2. 一场活动不要导入多个理念

内容结构要清晰。

很多客户经理跟我反馈，邀约客户太不容易了。好不容易约到客户，能否在一次活动中讲解多个理念？健康、养老、教育等内容能否都讲？这样的情况只能导致我们什么都没有讲清楚，客户最终也会感到困惑——重点不突出、时间紧张、活动整体体验差。所以，我们尽可能确保一场活动既要有明确的主题内容，也要有清晰的理念结构，让客户听得明白、记得清楚，有助于传播。

理念与客户相关。

要讲跟客户有关系的话，而不是我们想说的话。事实上人们只对跟自己有关系的事情和产品感兴趣。同样的一个理念，我们的切入点是什么？讲了怎样的案例？能否让客户产生共鸣？这都将导致客户对活动理念的接受程度和认可度产生差异。

综上所述，精品沙龙营销从本质上来讲是非常有效，也是非常受欢迎的客户服务策略。在互联网时代，要让客户能够持续认可我们的服务，保持客户黏性，就要注意客户的服务体验和活动场景的有效设置。一场好的沙龙营销活动能够让客户记忆犹新，更是一张与客户保持联系的王牌。

○● 能力篇——不会经营精品沙龙的主管不是好主管

既然精品沙龙营销是未来的重要营销模式和手段,那么金融行业的管理者就必须具备基本的精品沙龙营销管理运营能力。对于团队的可持续发展而言,如果没有终端客户的储备量,团队发展就无从谈起。如何有效地运用精品沙龙营销的模式,构建团队的客户经营系统,帮助团队成员提高客户拜访率,提升业务产能,进而通过组织营销的模式培养员工,构建团队特色经营模式,已成为当下每个主管必须解决的问题。

一、团队管理能力

从团队管理角度而言,精品沙龙营销不仅是业务促成的有效手段,还是培养团队成员的"练兵场"。事实上,我以往带领的团队中,也有过运用精品沙龙营销这一种营销手段实现高素质队伍快速成长的案例。

我曾经管理过这样一个团队。团队队长是一名年轻又非常有干劲的大学生,当时他只因为"百万年薪不是梦"这句话就决定加入公司。

入行之初,他运用简单粗暴的陌生拜访模式,几个月下来收入相对较低。于是，他主动找我探讨行业的发展模式。我建议他可以自己举办个人答谢会，以一对多的方式进行客户营销。

他采纳了我的建议，同时招聘了一些电话营销员，来帮他进行陌生客户邀约。他雇了10个人，每个人底薪1500元，要求每个人每天要完成100个电话邀约，每个成功邀约能得到10元的提成，每单业务促成能得到100元的提成。

后来，那些电话邀约效果好、积极参与日常沙龙营销的电话营销员就被他成功招募为团队主管，然后大家再一起去招募新的电话营销员。用这样的方式，他的团队不到一年就发展到了500个人。

这是一个很典型的运用一套模式快速发展团队的案例。精品沙龙营销之所以能够协助主管实现快速发展的目标，是因为在这一套营销体系中，营销员可以接触到全部的营销流程，并且不断强化演练。那么，精品沙龙营销流程大致分为哪些步骤？

1. 电话邀约

营销员参与沙龙营销工作的第一步就是每天不低于100个电话呼出的邀约量。这样大规模的邀约量，只需要一个月的时间，每一名营销员都有机会被培养成电话邀约的高手。

2. 递送邀请函

这个过程锻炼的是营销员初次面谈、客户识别和信息收集的基本功。我们运用一套有效的调研问卷和初次接触话术，让营销员在初次接触精品沙龙营销的过程中了解哪些问题可以问、哪些信息需要收集，以培养营销员的信心和基本能力。

3. 主讲嘉宾需求分析讲解

在这个过程中，营销员不一定是主动参与者，因为每次活动营销员都要参与、认真听，所以营销员等于在不断地被动学习。一般在这个过程中，有的营销员听得认真，还会对主讲嘉宾讲解的理念进行挑错。对于能够认真听，并且进行挑错的营销员，我们就会给他机会，让他自己重新组织语言，在早会上给大家讲解。如果在早会上的讲解能够过关，就说明这名营销员的需求分析能力应该比较强。

4. 促成成交

一般情况下，如果是营销员约一位客户来现场，我们都会安排主管负责促成，营销员旁听，听几场之后进行考核，让营销员自己模拟促成练习。如果营销员没有邀约客户到现场，那么就做礼仪工作并学习相关知识。总之，我们要通过一场活动让营销员经历一次专业化销售的全流程。

然而在现实中，很多主管害怕新营销员在活动现场表现不佳，都不允许新营销员参与到活动中，这就恰恰错过了最好的现场辅导机会。一名能够把沙龙举办好的主管，一定是将沙龙的功效发挥到最大化的主管。

二、营销模式与营销思维转变的能力

近些年我在全国各类金融机构授课的过程中，经常会遇到产品同质化、客户体验度差、客户理性化选择等各类难题。其实要解决这些难题，最直接也最有效的办法就是在营销模式和营销思维上，从根本上认识到客户体验和场景设计在客户经营过程中的重要性。

这就需要主管对于精品沙龙营销的理解维度更深化一层，能够使用站在客户的立场来设计精品沙龙营销活动，并且根据不同的客户经营目标，多元化匹配营业部的精品沙龙营销活动形式。

客户思维模式下的客户经营有以下几个关键点。

1. 服务先行，体验为佳

在以客户思维为导向的服务模式中，需要客户优先到我们公司进行产品采购，再根据客户的采购金额来提供相应的服务。这种模式比较盛行于卖方市场。但在当今以买方市场为主导的市场环境中，往往需要我们先提供等价值的服务，客户体验后才会考虑是否购买产品。最终客户会将商品和服务进行捆绑式综合评定，再做出采购决定。这种以服务为导向的营销模式需要我们批量服务客户，构建客户关系，进而形成客户批量式采购行为。

那么，如何创建良好的客户体验呢？首先要了解客户群体。在接下来的 5~10 年中，我们主要服务的客户以中产阶层和"泛 90 后"为主要服务人群，中产阶层需要的是差异化的服务，而"泛 90 后"需要的是个性化的服务。只有以目标客户群体的需求为导向的服务营销活动，才能够给客户良好的体验，让客户愿意接触并接受我们的后续服务。所以沙龙举办的立足点，不能以单一地促成为导向，更应该综合考虑如何针对初次接触的陌生客户举办体验式沙龙。

2. 构建关系，价值营销

当完成与客户的初次接触后，我们就需要根据不同客户的需求来提供不同的服务模式，以确保与客户保持长期而稳定的联结关系。这样的联结关系一定不是单纯建立在金融关系的基础之上的，对于客户的生活、兴趣爱好、工作等多方面的需求，我们都要综合考虑。

如果一名营销员每一次见到客户都只能跟对方谈及金融相关的知识和产品，那么这位客户在不久的将来多半会远离这名营销员；如果一名营销员可以不定期地邀约客户参与一些客户关注的生活主题活动，或者是符合客户兴趣爱好的活动，即便这名营销员没有去推荐金融产品，客户如果有了金融产品的购买诉求，也会主动联系他。因此，在与客户构建可持续联结的过程中，需要展示出我们有价值的一面。

例如，我们可以举办一些关于品茶、插花、红酒、生活小常识、健康教育等方面的主题沙龙。举办这类沙龙主要的目的不是进行理念的导入，更不是进行产品的推荐和营销，而是创造营销员与客户发生联结关系的机会，让客户有理由更多地参与到活动当中。

3. 客户经营，理念为王

客户购买产品的四大核心要素是对公司的认同、对理念的认同、对营销员的认同以及对产品的认同。理念影响着最终的成交，因此，导入理念十分重要。当我们已经可以用不同的客户群来定义服务客户时，就可以结合不同客户的金融需求以及非金融需求来进行营销理念的导入。同时，我们也需要结合不同客户群的服务阶段来进行理念导入。

比如，有一些客户对公司的认同度非常高，但是一直没有购买养老保险的欲望，说明该类客户的养老理念不够清晰，这时候我们就可以结合该类客户的特点进行理念的精准导入。如果一些客户对公司、对营销员或者对理念都比较认同，我们就可以根据客户的现金流回转情况，进行产品的导入，按照客户的可购买预算空间来分析讲解沙龙案例。

综上所述，主管要有能力带领团队成员对客户情况和客户结构进行分析，有目标性地完成"客养计划"。针对新营销员，主管需要带领他们去开拓目标市场，举办目标客户的沙龙；针对成熟的营销员，要结合他们的客户情况进行分析，协助他们做好客户深耕式的沙龙活动；针对业绩出色的营销员，要根据他们的营销目标来帮助其有效迭代客户。客户的迭代，不是等着市场来找我们，而是作为经营者的我们要主动指导团队去做这些新的开拓。

我的一个学员的团队在发展之初，由于在当地缺少人脉，他就运用了一套宝妈客户经营的系统，帮助团队成员实现了每人月度开拓宝妈客户100人以上的目标。然后又针对这些年轻宝妈客户策划了两场沙龙活动，导入教育金理念和保险从业理念，实现了月度增员上岗50人的目标。

当这套模式成熟之后，他又针对团队中一些比较成熟的营销员开拓了白领营销模式，用有效的性格分析沙龙，协助营销员拓客和转介绍。

针对团队里业绩出色的营销员，他还开发了一套针对高端女性客户的营销策略。他们同马场、高端少儿英语教育等机构进行合作，举办不同形式的高端沙龙，保持持续的客户黏性。

在这个过程中，他的团队客户质量经历了三次以上的迭代，效果非常明显。

三、开会的能力

在未来的市场发展过程中，一名不会开会的主管是没有办法把营销员凝聚在身边并且实现可持续发展的目标的。日常的客户经营、团队的辅导管理等方方面面都向我们提出了要能够批量服务客户的基本诉求，更要求主管不仅会开会，还要把会开好。这就需要主管了解和掌握不同类型的精品沙龙营销方式。

1. 兴趣型沙龙

这类沙龙以兴趣爱好为核心，重点在于好玩。客户因为跟营销员拥有共同的兴趣爱好而参与到活动当中，通过这类活动构建双方之间的基本信任，使双方能够在业务合作的前提下成为朋友。比如插画沙龙、性格分析沙龙、DIY（自己动手制作）口红沙龙、魔方沙龙等，都是基于客户的某种兴趣爱好来举办的主题沙龙。

比如，我经常会遇到营销员咨询，他们有很多的好朋友，但不知道如何向对方开口说明自己在保险公司工作。这个时候，兴趣型沙龙是最好的邀请方式。营销员可以先举行兴趣型沙龙并邀约朋友参与活动，在活动的过程当中，可以将公司的Logo（标志）、公司的介绍在活动现场有所体现，这样就可以很巧妙地告知自己的朋友，自己在保险公司工作。

这类兴趣型沙龙主要就是用来拓展客户的，也可以让拥有相同兴趣爱好的朋友带他们的朋友一起来参加，多多益善。

2. 高端客户沙龙

这类沙龙主要是针对高端客户的差异性进行策划的。因为高端客户相对较难邀约，并且不愿意出现在人多的地方，所以我们会针对高端客户的情况，选择小范围、高品质的沙龙营销活动主题。一般在形式上，也会把重心放在客户经理与高端客户一对一的交流上，这样会让客户感受较好。

一般能够邀约到高端客户都是不容易的，我们会尽量营造一种良好的氛围，选择一个较为合适的场所。比如，高档的私人会所、高尔夫球场的贵宾厅、独立空间且装修较好的茶馆或者咖啡厅都是不错的选择。大家可以坐下来好好地品品茶、喝点酒、聊聊天，争取一次性把理念和产品讲清楚，以促成客户的购买行为。

3. 个人答谢沙龙

这类沙龙以营销员的个人答谢为契机，邀请已成交客户或者其亲朋好友来参加。其主要目的就是拉近客户经理与客户之间的距离，构建客户经理的个人品牌形象，即告知客户，客户经理不但依然坚守在金融营销的岗位，而且做得很好。

这类个人答谢沙龙要求营销员每月举办一场，主管层级每月举办两场。只有坚持不懈地举办类似的活动，才能有机会与客户建立联系，这也是客户经营中最简单也最有效的方法。

4. 保单年检沙龙

这类沙龙主要是针对已成交的老客户和新开拓且在公司购买过保险的客户。它以保单的年检为契机，对客户的家庭保障进行梳理，是通过查找客户的保险缺口，进行产品营销的一种有效手段。

传统经营过程当中有利派会、客户保单年检会等形式。在活动现场会安排营销员，协助客户进行家庭保障的梳理，同时安排一位主讲嘉宾介绍全方位家庭保障配置的标准，让营销员和客户共同发现问题，并协助客户解决保障缺口。这样的沙龙形式既能够让客户感受到营销员的专业度，也同时可以完成产品的促销。

5. 产品推荐沙龙

这类沙龙以产品促成为导向，一般会邀请对理念认知度较高、具有一定的产品购买欲望的客户群体，在活动现场以促销、送礼品等方式来促使客户做出购买决策。这种沙龙形式相对简单，也是日常大家举办活动运用较多的一种，其重心在于现场促成活动的设计，以及营销员之间的配合。

这类沙龙举办的一个核心要素是邀请的客户一定是做过前期理念沟通的客户，从而避免把对的人约到了错的服务场合而导致客户流失。一般建议营业部该类沙龙可以一周举办一场，根据本周营业部洽谈客户的情况进行产品导入和营销促成。

以上五类不同的精品沙龙可以在团队经营的不同阶段举办，需要团队主管将不同的形式进行最优组合，保证客户的参与，养成客户的习惯。利用活动促进团队的访问量，提高服务客户的服务能力和服务价值，才是精品沙龙营销的根本目标。

○● 认知篇——精品沙龙营销的正确认知

既然精品沙龙营销在未来团队发展以及客户经营中如此重要，那么沙龙到底应该怎么开，什么样的沙龙才是一个好沙龙呢？我们先来看一个关于沙龙的案例。

我在广东地区做沙龙营销时，一位大客户在准备埋单之前强烈要求与我见面。这位大客户见到我说的第一句话就是："陈楠老师，我听你讲这个会议听了17遍！"在我震惊之余，他和我讲了实情。

原来，他之前来听产品说明会根本就没打算买保险。因为他家住在我们举办活动的酒店附近，他参加了几次产品说明会之后发现，在产品说明会上可以免费吃饭、领礼品，所以只要有时间，他就找类似活动。

然而这位大客户告诉我："你们保险公司办活动跟其他公司不一样，上了菜不给发筷子，不发筷子大家也不好意思吃，只好被迫听。"后来他发现自己可以很专业地跟身边的朋友讲理财知识，而这些内容都是我们的产品说明会上讲解的理念。他听得多了，记得也就多了。在他向朋友讲解以后，得到了很多正面的反馈，所以他最终决定埋单。

通过上面的案例，我们既要理解沙龙营销的整个过程和历史，也要充分地认识到沙龙营销的根本意义。事实上，我们也经历了从粗放式经营向精品沙龙营销过渡的艰难阶段——从最开始只要邀约到客户就发礼品，到后面的针对不同的客户设置不同礼品的服务阶段。

首先，我们要根据客户不同的服务需求进行沙龙形式的迭代和沙龙内容的更新，以适应市场的变化。其次，我们发现无论是过去还是现在，客户很难在一次活动中就直接埋单，沙龙营销本身也不仅仅是为了促成。我们要能够通过多元化的沙龙营销模式，让客户喜欢参加我们的活动，进而才有机会促成更多的业务。

所以考核一场沙龙成功与否并不看它实际促成了多少业务，而是一场沙龙结束之后，有多少客户愿意参与下一场沙龙。所以说，沙龙并不是"一锤子买卖"，而是一个长久的客养过程。

那么在具体的操作过程中，如何实现有效的客养呢？追溯到沙龙的产生上，我们就不难得到答案。

一直以来，被我们叫作"产品说明会"的模式，与很早起源于欧洲的沙龙有很高的相似度，或者可以说产品说明会是沙龙的真正延伸。

在文艺复兴时期的欧洲，艺术家众多。如何让自己的作品在众多艺术家的作品中脱颖而出，从而拥有自己忠实的粉丝呢？很多艺术家想到了举办沙龙来邀约社会名流。他们一般会以某一个主题活动进行邀约，在大家觥筹交错的过程中，基于某一个话题延伸到自己的作品上，给每一个作品赋予意义，带领大家鉴赏自己的作品。时间久了，就会形成各种艺术流派，追捧各流派的社会名流就是粉丝群。在同一个粉丝群里的很多名流也会因为大家是同一位艺术家的粉丝而产生社交话题，最终成为盟友。可见艺术家们的营销手段还是非常高明的。这种沙龙营销其实就是现在的产品说明会、创业说明会的前身，所以我们也习惯性地把现在类似的活动统称为沙龙。

通过对沙龙追根溯源的分析，我们不难发现，要想成功举办一场沙龙，一定有以下三个关键要素：同质的客户、有吸引力的主题和社交需求。

一、同质的客户

同质的客户主要有三个鲜明的特征。

1. 收入规模同质

不同收入规模的客户对金融产品的需求是不同的。我们以保险这种金融产品为例进行说明。工薪阶层的客户更多地需要购买重大疾病保险和养老保险，保障额度的补充和强制储蓄的理念对他们更有意义。而对于一些企业家来说，他们更需要保险的资产保全功能以及保险提供的现金流价值。所以如果一场沙龙客户的收入规模参差不齐，主讲嘉宾就无法抓住重点来进行讲解，讲得不够清晰和透彻，还不如不讲。

记得我给一家公司讲产品说明会，他们的老板对我说："陈老师，你看我们的队伍多么优秀！今天讲产品说明会，我昨天才宣导，今天直接就来了400个人。"当时我的内心是崩溃的。这种临时抱佛脚的情况，邀约到的客户必然是不恰当的。作为主讲嘉宾，我无论从哪个角度切入保险产品，都无法满足全部客户的需求，最终只能形成"几家欢喜几家愁"的局面。

所以，活动的主办方在活动开始之前，首先要确定客户的收入规模，将同质的客户邀约到同一个活动专场，这样主讲嘉宾讲解的内容才能足够细致，列举的案例也能更贴合该类人群的基本情况，成功率自然就非常高了。

2. 收入结构同质

然而即使客户在收入规模上同质，他们的收入结构可能也会不同。不同的收入结构会导致客户的风险偏好存在差异，以至于在产品采购的过程中存在偏好差异。比如，同一家公司里的两个人，一个是公司老总，一个是技术管理人才，他们的保险消费观念肯定不同。作为公司老总，他的资金使用周期短，对未来的预判也短，那么他更倾向于购买3年缴费或者5年缴费的保险产品。而对于技术管理人员而言，因为有技术在身，他对未来的收入预期更稳定，所以他会更倾向于购买中长期的保险产品。因此，主讲嘉宾可以根据不同的收入结构来设置不同的案例进行产品分析。一场沙龙的产品分析案例启示就是对在场客户的一种暗示，所以如果客户收入结构同质，那么同一个案例的接受程度就会很高，自然成交率也会大幅提升。

3. 对金融产品的认知同质

客户在购买金融产品的过程中，最重要的就是理念沟通，如果客户的金融产品认知维度很高，促成自然就非常容易；但是如果客户的金融产品认知维度非常低，那么销售就很难。所以在举办沙龙的时候，我们必须把认知维度相同的客户邀约到相同的场次，进而集中针对客户遇到的问题进行解答。

举个例子，我们在沙龙现场经常遇到一些"抗保分子"。原本已经有几个客户谈得差不多了，到促成的时候，这些"抗保分子"往往就会阻止客户埋单，要求提供更多的礼品或者提出一些毫无根据的异议。一旦遇到这样的人，意向客户可能会受影响。把错的客户邀约到对的场合，不但这个客户难以成交，而且更严重的是他会影响到意向客户。

当然，这并不是说不能够邀约这些"抗保分子"，如果我们有一些讲理念的专场，不做促成的工作，是可以重点邀约他们的。毕竟这些人当中，也有一些是可以通过有效的培养转化理念认知，最终成为优质客户的。但是在没有培养好理念之前，千万不要把他们跟一些理念培养较好的客户邀约到同一场活动里。

综上所述，我们不难看出同质人群对一场沙龙的成功起着关键性作用。这就是为什么在所有的沙龙经营中，精品沙龙要比大型沙龙创造的价值更大。事实上，精品沙龙更多是为了锁定特定人群，激活团队活动量，进而达成营销目标。

二、有吸引力的主题

目前，金融行业举办的沙龙都很难有一个明确的主题，大部分是以感恩客户答谢会为主，当然还有一些养生主题、美妆主题等。总的来说，活动主题缺乏新意，让客户感到乏味。而且有时候沙龙的主题也只是一个噱头，内容上还是以产品营销为主。客户被各家公司都邀请过，他们参加过的活动可能比公司举办过的活动都多，对各家公司的活动流程、营销话术比营销人员还清楚。所以如果沙龙的主题不够吸引客户，邀约的难度就会很大。

那么沙龙都应该有哪些主题呢？一般情况下，我们把沙龙的主题分成三大类：痛点类主题、痒点类主题和时事类主题。

我们首先要区分一下痛点与痒点。简单来说，雪中送炭是痛点，锦上添花是痒点。例如，对于一名宝妈而言，子女教育一定是痛点，美容养生一定是痒点。

痛点类主题一说出来，就会引起客户的兴趣，客户就会把我们的活动放在重要的位置，把相对无关紧要的事情向后安排，那么痛点类的专题就很适合邀约那些非常想见面的客户。如果我邀约一位本月很有机会成交的宝妈，就会邀请她参加"青春期交流十个不能说"的专题活动。这对于一位正为孩子处于青春叛逆期而苦恼的妈妈是非常紧要的，只要客户在活动当天没有特别的原因，就会抽时间来参加活动。

痒点类主题就是能够吸引客户，但又不是十分要紧的。如果客户不是非常忙，也会乐于参加，但是如果客户有一些要紧的事情要处理，就可能会延期。所以痒点类的专题比较适合做客户服务，不适合做成交客户的邀约。如果我有一些需要服务但不能马上促成的宝妈客户，我就会邀请她参加我们组织的"DIY 面膜"活动。这样既能够让客户感受到我们的服务意识，又能够在不打扰客户的前提下进行有效沟通。

最后是时事类主题，这样的主题简单来说就是蹭热点。比如，我们曾经在党的十九大结束之后，专门设计了一个主题为"党的十九大后中小企业主的养老规划"的沙龙。这个主题会让人更有强烈的时事代入感，大家会觉得这是基于时事分析所进行的一些政策性养老解读，即便是以前听过养老专题的客户，也会乐意再次参与到活动中。

不同的主题应用的场合是不同的，也要根据客户服务要求来设计不同的内容。一个好的主题是吸引客户参与到我们活动中的关键要素，那些太泛化或者太大众化的主题活动，客户已经参与过了，就不会愿意再来。精品沙龙就要求我们把沙龙的主题尽可能定得具体一些，或者直击痛点。

三、社交需求

现在很多人都有社交需求，都希望被关注。因此我们在设计活动的时候，也可以考虑从满足客户的社交需求方面出发。

传统沙龙往往都是把客户邀约过来，然后开始给他们讲金融产品，让他们埋单。在这种传统沙龙的整个过程中，客户是没有社交感的，这种毫无社交感的活动会让客户觉得非常无聊，自然就不会再参加下一次活动了。

那么精品沙龙营销活动如何满足客户的社交需求呢？我们从以下三点来给大家展开分析。

1. 面子社交

我们会有这样的经历，比如去邀约某个客户，约了好几次，他自己不好意思了，感觉面子上过不去才来。就像我们现在开产品说明会，很多公司都让营销员去"刷脸"，拼命地拽人过来帮自己凑人数。但客户这次是为了营销员的面子而来的，下次他还能为了你的面子而来吗？这就是我们说的最基本的面子社交，它是指我们可以运用营销员与客户之间的社交关系进行邀约，但这也是最浅薄的一种社交关系了。

2. 人际社交

其实，我们完全可以把沙龙营销活动变成一个人际社交的场所，让客户有机会在活动现场认识朋友。比如说在场的客户都是企业老板，如果可以在里面认识几个生意伙伴，他就会觉得很有帮助，于是下次他还会参加。如果我们这一场约的全是宝妈，就可以把她们拉进同一个宝妈微信群，宝妈们就可以在群里发一些宝宝的照片，交流怎么喂奶、怎么防止孩子生病等等。这样她们会觉得自己有了一个社交圈子，下次我们举办活动时，她们还会参加。这就是我们说的人际社交。

实际上，沙龙营销活动本身就是通过经营主体搭建一个社交场所，让我们的客户都能够在我们的平台上认识很多人的一种方式。满足人际社交需求的活动一般都能够吸引非常多的客户参与。

我帮江苏某银行做了一个项目，只通过一场沙龙，就让他们的百万存款客户在一个季度内增加了近百人。

我们首先对客户人群进行分析。如果一个人在银行有100万元的活期存款，那他的资产大概会有多少呢？我们估计了一下，在当地，有活期存款100万元的人，人均大概有3000万~5000万元的资产，因为银行的活期存款只是他们的一小部分资产，再加上房产和企业等固定资产，大概都是这个身价。

这些人是真正的有钱人吗？其实不是。他们现在并不是财富的拥有者，只是资金的拥有者，他们还在拼了命地努力赚钱。我们给这类客户定义的是"有钱没闲"。因为每到周末，员工都休息了，他们还在谈生意。所以他们一般也没有时间陪家人。

针对这些客户的现状，我们策划了一场"百万俱乐部——烟花三月下扬州"的活动，不仅邀请客户本人，还邀请他们的家人和战略伙伴。我们发出通知之后，很快就召集到了几十组家庭。

活动当天上午，我们把他们带到采摘园。让他们的家人去采摘。工作人员带领这些客户布置野餐场地，让他们通过布置会场的活动先跟身边的人熟悉起来。等采摘结束后，他们的家人就在外面玩，我们带着客户在屋内开展沙龙活动。

这类沙龙以一种社交型游戏活动为起点。我们要求所有参会的客户进行自我介绍，并且记住在他之前进行自我介绍的人。这个游戏既实现了客户能够将自己和自己的公司进行小范围介绍的目标，又可以帮助他们快速认识更多的朋友，所以客户的参与度非常高。

在这场沙龙营销活动中，会有人以客户身份向大家介绍我们公司的服务和产品，激发其他客户对我们公司了解的欲望。我们还会安排一位客户经理专门介绍产品，因为每位客户都介绍了自己的公司和产品，他们自然也不会介意我们的介绍。

这样的沙龙营销活动达成了公司介绍、理念介绍和产品介绍三个活动目标，可以说是较为成功的。

活动结束后，我们选择了客户的孩子的一些照片，让客户参与"明星宝贝"的评选活动。大部分客户会将评选活动发到朋友圈，这也可以满足他们与微信朋友之间的一种社交需求。

这场沙龙营销活动既满足了客户与家人之间的社交、客户与合作伙伴之间的社交、客户与同质陌生人之间的社交，也满足了客户和微信朋友的社交。这种活动能够让客户有不一样的收获，他们也会乐意再次参与。

现代人虽然与世界发生的联结越来越多，但是也越来越孤独。如果有一场活动能够让他们融入新的圈子，认识更多的人，满足他们的人际社交需求，那么一定可以成功俘获客户的心。

作为金融服务单位，我们服务的客户群体非常广泛，构建这样的平台很容易。这样的服务平台不仅能够让我们批量服务老客户，还可以通过以老带新的模式，扩展我们自己的人脉。

3. 技能社交

技能社交是通过提供某一项话题或者技能，让参加沙龙营销活动的客户可以在活动结束后向身边的朋友推荐活动，或者展示自己学习到的技能的一种社交符号的设定方式。传统营销沙龙活动结束后，客户往往不愿意向身边的朋友说明自己参加了某某公司举办的活动，因为活动本身并不能够给他们带来提高社交价值的元素，也没有提供一些新的话题可以跟身边的朋友交流。这样的沙龙营销活动就不具备传播性，也无法满足客户的话题社交需求。

针对不同的客户群体的服务诉求，我们要如何在精品沙龙营销活动中植入社交话题呢？简单来说有两种形式：一种是将整个精品沙龙活动变成社交型场所，另一种就是在活动过程中穿插一些社交性话题。

我有一个上海的学生，他有非常多的大客户，然而这些大客户每次参加公司举办的传统型沙龙都感受不佳。因为这种沙龙只是以产品促成为导向，并没有考虑到客户的社交需求。所以我就指导这个学生组织以客户话题性社交为主题的沙龙活动。

我们针对客户的需求，举办了红酒沙龙、烘焙沙龙、高尔夫沙龙等活动。例如，在红酒活动举办的过程中，我们会请一位专业的红酒品鉴师为客户讲解红酒的辨别，以及酒器的使用。

我们也会带领客户去参观这位学生自己的酒窖。在这个过程当中，客户不仅学会了红酒品鉴的基础知识和技术，还了解了这个学生的经济实力，对他的信任度也越来越高。

活动结束后，我们会邀请客户下一次带好朋友来参加我们的其他活动。因为整体活动的水准较高，客户很愿意跟身边的朋友分享，所以每次客户都会带新的朋友来参加我们举办的沙龙。

越是高端客户，就越明白资源共享的道理。我们只需要构建一个能够提升他们的社交品位或者档次的平台，自然可以吸引非常多的客户主动参与到我们的活动中。这种话题社交的形式就是活动场所话题型社交。

针对普通的沙龙，我们也可以将一些趣味话题植入活动中，满足客户的话题社交需求。在沙龙举办的过程中，许多公司经常会进行有奖问答。然而每次公司举办的沙龙大多围绕公司的历史、产品等进行提问，这样的问题既不能形成有效的话题，也不能吸引客户，无法构成传播性。在精品沙龙中，我们会把这些问题改成一些贴近客户的内容。比如，在针对宝妈的活动专场中，我们会在有奖问答环节里设置一些生活类小常识的问题,让宝妈们在参加活动的同时,可以掌握更多的生活类小常识,进而她们在活动结束后,跟身边的朋友分享在活动中学到的小常识,构成她们的社交符号。

社交是沙龙营销活动中非常关键的客户需求。举办一场活动不仅是为了满足活动举办方想要传达相关信息的需要,也是为了满足活动参与者的社交需求。一场有精准客群定位、明确主题设定的沙龙,如果能够多维度地满足客户的社交需求,一定是非常精彩的。我们可以结合这三个维度,评估自己公司日常沙龙举办的情况如何,并且写下自己公司在举办沙龙过程中存在的问题。相信这些问题都会在读者朋友阅读后面的章节之后,得到清晰、明确的答案。

02

跳出传统沙龙营销怪圈

客户邀约越来越难,礼品成本越来越高,现场促成越来越难。

活动举办流于形式,二次邀约越来越难,组织营销无法落地。

○● 客户真的很难约吗

"邀约难"是现在各大公司举办沙龙营销活动时经常遇到的第一大问题，也是最困扰大家的问题。一方面是现阶段各大公司的沙龙营销活动过于频繁，客户已经对参加沙龙营销活动失去了兴趣，甚至生出了腻烦，所以公司只能想尽各种办法，不断更新活动内容，提供更优惠的方案或者更高端的礼品吸引客户。但往往越是这样，效果越不明显。另一方面就是业务团队本身对于活动的产出失去信心。业务团队伙伴被客户"放鸽子"，或者即使约到了客户，但是成交率也很低，最终浪费了时间和金钱，还使得大家对于邀约越来越抵触。最终无论是客户还是营销员，都开始抗拒沙龙。

客户真的很难约吗？实际上，世界上没有约不到的客户，只有错误的邀约流程。我们辅导的很多团队刚开始都觉得邀约很难，但当我们帮大家梳理出正确的邀约观念以及正确的邀约流程以后，很多团队的活动都会出现爆场的情况。例如，一场沙龙营销活动预计到场客户60人，实际到场80人，营销员们都开始对沙龙营销活动充满了信心。

如何才能构建正确的客户邀约认知呢？需要做好以下几点。

一、选对人

大家觉得邀约难，最重要的原因就是不知道应该约谁。公司要实现沙龙最终到场的客户目标数，就会告诉营销团队要邀约到多少人，而很少会告诉团队成员应该去约什么样的客户才合适。在这种以结果为导向的工作要求下，大家也都只能去约最好约的人，而不是约最应该约的人。为了能够邀约到最好约的人，达成公司的目标，营销团队的成员自然都是用礼品作为"诱饵"进行邀约。到最后，来的客户也只是为了礼品而来。所以沙龙营销活动的举办效果就越来越差。

要解决邀约难的问题，就要让每一场活动都有精准的客户定位，并且要帮助营销员理解我们为什么举办这场沙龙营销活动，沙龙营销活动中能够吸引客户的内容是什么，能够帮助客户解决什么问题。所以说，选对人不仅是沙龙营销活动非常关键的工作，也是提升邀约成功率最重要的环节。在这个过程中，我们也是在培养团队成员的客户管理能力。

例如，周一上午我们要举办一场邀请宝妈参加的关于"教育储备金理念"讲解的沙龙营销活动。这场活动不以促成为目的，只是培养妈妈为孩子储备教育金的基本意识，简单讲解教育型产品优势。所以我们可以邀约一些对我们公司及营销员很认可，但是理念沟通不畅的客户。

明确的客户人群定位，不仅有助于我们协助业务团队筛选名单，也有助于我们更具针对性和有效性地制定话术。

沙龙营销活动其实是个万花筒，我们可以根据每一类客户群体不同的关注点来制定不同的沙龙主题，采取不同的邀约话术，这样沙龙邀约成功率才会有效提升。

二、做对事

做对事指的是我们要按照严格的沙龙营销活动邀约流程进行邀约。这个环节非常重要，但往往也最容易被大家忽视。业务团队在流程的管理和把控过程中，最容易出现的问题就是"我知道，但是我做不到"。因此沙龙活动的客户邀约，必须严格遵循以下四个步骤。

1. 首轮电话邀约

首轮电话邀约的目的是筛选客户，并以沙龙营销活动为契机争取见到客户。需要注意的是，首轮电话邀约并不能作为客户最终确认参加沙龙的直接依据，而是以邀约客户见面，成功递送邀请函为依据。

明确了首轮电话邀约的目标，我们不难发现，在日常电话邀约的工作中经常会犯的两个错误。

第一个错误是以结果为导向，认为首轮邀约结果就是最终确认参会的结果。为了提升邀约成功率，营销员经常会以这样的口吻告知客户："这个沙龙营销活动只有周六一场，你必须过来，不然你会损失很大。"这样的邀约方式，其实体现了一种严重的"赌徒心理"。客户没有任何选择，只能选择在我们约定的时间来或者不来。而对于大部分客户而言，要么是无法确定时间，要么是真的有事，既然沙龙营销活动只能确定这个时间，那么客户只能告诉我们没有时间了。

我们如何解决这个问题呢？每次团队会在月初安排好整个月的

活动，然后进行邀约。如果客户犹豫不决，我们会给客户多个选择，或者也可以在邀约客户见面递送邀请函的时候进行最终确认。这样无论如何我们都能见到客户一次，提升我们的最终成交率。

第二个错误是忽略流程，希望通过一次电话邀约实现全流程目标。很多客户在完全不了解活动的内容时，觉得我们的活动内容和其他公司的并无区别，所以很难做决定。如果我们期待客户在电话中直接给出确定答案，那么这种邀约的成功率一定是较低的。

事实上，举办沙龙营销活动的意义就在于对客户的有效拜访和服务。如果我们把整个邀约流程进行拆分，首轮邀约并不要求客户直接确定是否参加，而是争取见面递送邀请函并介绍活动。

也就是说，如果我们把沙龙营销活动变成日常工作的一种常态行为，就需要提前一个月做好活动的各种安排，然后才能有针对性地进行客户邀约。

比如我们可以这样邀约："王总，您好。我们本周有一个红酒品鉴活动，这个活动很符合您这样的企业老板的需求。活动现场有专门邀请的高级品酒师，为我们讲解一些红酒常识，像您这样的社交高手一定会很喜欢，所以邀请您来参加。"

如果客户有时间来，当然很好。但如果客户当天时间安排不开，我们就会主动邀约其参加其他场次。我们可以说："王总，这是我们的一个客户服务活动节。如果您这周时间安排不开，我们在下周有一场家庭主题活动，您可以带家人一起参加。我们举办的系列活动主要是为了服务客户，建立良好的客户体验。这样吧，这两天我把活动内容向您介绍一下，再帮您选一个适合您参加的活动，您看好吗？"

如果我们做好客户分析，自然就知道客户比较喜欢参加哪些活动。因此，我们可以准备很多的沙龙主题活动供客户选择，这样可以扩大邀约范围，自然就能够提高邀约成功率。

2. 递送邀请函

递送邀请函是客户邀约非常关键的动作。一方面，向客户递送邀请函能够表示此次沙龙活动的重要性，提升客户的尊贵感；另一方面，这也是我们收集客户信息的关键时刻。如果大家把递送邀请函的工作都做成了为了送而送的形式主义，只是送到地点而已，那么销售就变成了送快递，失去了递送邀请函的真实意义。

因为递送邀请函特殊的目的，我们会针对不同的客户选择不同的递送方式。对于我们已经非常熟悉的客户，对方的家庭信息、财务信息等我们都已经非常了解了。为了表示尊重，我们完全可以制作一个精美的电子邀请函发送给客户。这样既节省了时间，也让客户感受到了尊重。对于我们有一段时间没有见面的客户，我们就要想办法递送纸质的邀请函，递送的主要目的是跟客户见面沟通一次，从而对客户的信息进行有效收集。对于不熟悉的客户，我们可以以递送邀请函为理由，和他们进行面对面沟通，便于更精准地掌握客户信息，从而更好地判断客户是否匹配我们的活动。

我们曾举办过一场年缴费5万元、5年期缴的保险沙龙。当时筛选的客户以在某银行有50万元存款的中老年客户为主。

当我们在给一位客户递送邀请函时，发现无论从居住环境，还是从家庭环境的综合信息判断，这位客户对保险产品的需求都远远高于我们当期活动推荐的产品组合。于是我马上决定放弃本次活动的邀约，将对方调整到一个更适合他的高端客户专场。通过这次见面，我们与客户做了进一步详谈，并收集了对方更详细的资料和资产配置需求，最终成交了大额保单。

3. 二次回访

二次回访其实是一个查漏补缺的过程，目的是防止客户因不好意思当场拒绝营销员的邀约，临到沙龙开始时却不到场的现象。二次回访最好以会务组工作人员的身份向客户致电，一般客户对于会务组的工作人员都会说出实情。这样即便客户无法按时参加，我们也可以提前做好准备。二次回访过程中切忌强势邀约，要以了解客户真实情况为主。

如果客户在二次回访过程中能够确认参会，最终参会的概率会很高。这次回访只会加强客户对活动正规性的认可，并不会给客户造成困扰。如果客户真的临时有特别安排无法参会，也可以避免我们准备好却最终落空的情况。所以营销员不要因为不敢打扰客户而忽略了二次回访。

4. 会前确认

会前确认是邀约的最后一个步骤，一般可以采取会前短信通知的形式。这既是一种礼节，也是一种提醒。在会议开始的前一天晚上，我们可以将会前确认以短信的形式发给客户，提示客户次日活动的时间、地点，并告知自己作为对接人会提前到达会场，如果客户有什么问题，可以随时与我们联系。

我们遇到过很多次，客户本来都已经准备好来参加沙龙了，但是在会前一天，遇到了特殊情况无法到会。但如果我们提前发送了这样的提示信息，也给我们争取了最后的机会。

某次一位客户因他的亲戚从湖北来广州看他，要一起吃饭，无法按时参会。可是对接他的这名营销员不放弃，继续给客户打电话："我们的活动也安排了晚宴，您可以带您的亲戚一起来。如果您想在晚宴上喝上几杯，我们可以帮您开车。如果您觉得活动中安排的餐饮不太合胃口，晚上我们再请您和您的亲戚一起吃饭。这个活动非常难得，请您一定要参加。"

这位客户觉得盛情难却，就带着亲戚一起参加了这场沙龙活动。最后，这个客户的亲戚对营销员一直赞不绝口。

我们对于客户邀约的执着程度，直接影响着邀约的成功率。如果只是为了完成工作，而不是真的约到想约的客户，邀约的成功率就比较低。邀约成功的核心要点，就是通过不断优化我们的客户邀约流程，得出一些平均的邀约流程KPI（关键绩效指标）。随着团队邀约场次越来越多，我们可以把邀约成功率的KPI指标作为管理者的重要工作依据，从而不断提升各项邀约的成功率。

三、定目标

对于一名管理者而言，完成目标是天职。沙龙经营作为组织营销的一个重要环节,更要目标必达、使命必达。当沙龙经营目标设定以后,我们必须认真督导目标的过程管理。比如我们要做一场预计100人到会的沙龙,那么回推到二次确认就至少要有120人,邀请函要至少递送150人,电话邀约至少要有300~500人。

作为管理者,我们要对每一个流程环节进行过程追踪与管理,随时关注数据,并对数据情况进行分析,以便协助团队达成阶段性目标。过程把控对了,才有可能产生好结果。随着我们达成目标的次数越来越多,团队也就自然就会养成目标必定达成的习惯,从而脱离了客户"越来越难约"的心理魔咒。

四、勤回访

目前营销队伍在客户邀约的过程中,还会经常犯的一个错误就是只做首次要约,不敢也不愿意做客户回访。经过首次邀请的客户,一般都会回复:"时间合适就过去。"但很多营销员把这句话当成了客户同意到场的依据,所以就不敢或者不准备进行二次回访和再次确认。我相信大家都听过掩耳盗铃的故事。大家不敢回访的原因,其实就是害怕客户不来,不进行二次回访,给自己营造"客户一定会来"的假象。事实上,我们的回访只会提升邀约成功率,降低诸多的不确定性。所以管理者要从心理角度对业务团队进行辅导,要求营销员按照标准流程进行邀约。

标准流程就像烹饪的流程一样,少了任何一个步骤,事情都不会成功。邀约是有标准的邀约流程的,每个邀约环节都有其执行的意义。管理者在辅导团队的时候,不要只是告诉营销员要去做什么,也要讲清楚为什么去做。很多沙龙营销的执行团队并不知道每个流程和环节的意义，最终导致错误的行为，陷入恶性循环。所以要想提升客户邀约的成功率，解决自己的"心魔"才是关键。

以上四个部分就是精品沙龙营销活动邀约率提升的核心动作，也是所有沙龙营销活动都需要注意的环节。其实沙龙营销无小事，把每个细节做好，传承到位，就是提升效率的关键。邀约率的提升不能只关注邀约话术本身，而要放在系统管理的角度去重新考察执行流程是否合理。

○● 没有礼品就无法成交吗

不知从何时起，给客户送礼品已经成为沙龙营销活动的必备环节。但现在各家公司的礼品成本越来越高，甚至出现了如果礼品不到位，业务团队都不愿意邀约客户或邀约不到客户的情况。这不得不让我们进行深刻的反思：难道送礼品是沙龙营销活动成功的关键吗？

现在各家公司准备的入门礼、活动礼、签单礼种类繁多，层出不穷。大家对活动礼品的理解越来越背离礼品本身的意义——以前我们是购买金融产品赠送礼品，现在已经逐渐演化成赠送礼品购买金融产品了。如果这样一直发展下去，营销员将放弃业务专业度，客户也会对金融产品越来越不信任。

这种现象是怎么产生的？根据我的观察和了解，送礼品的产生原因如下。

随着市场需求的不断增加，我们需要为越来越多不同类型的客户提供服务。沙龙营销这种批量营销的方式，如何把不同类型的客户邀约到一起？其实最简单的方式就是利用中国传统的饮食文化——邀约客户一起用餐。随着采用这种方式的公司越来越多，客户对用餐地点以及用餐标准难免产生各种攀比心理。于是，有些公司自然就产生了送客户礼品的想法。例如，保险是一种概念型的产品，客户购买之后，很难马上产生效果，保险公司通过赠送礼品的方式来吸引客户购买，也算是一种不错的营销方式。

但是随着礼品越送越多，客户对礼品也就越来越挑剔，最终导致大部分营销团队陷入了"比拼礼品"的恶性循环。要摆脱这种恶性循环给团队和市场带来的负面影响，让营销目标回归金融产品本身，我们需要在以下四个方面进行深刻的反思和调整。

一、给理念

我们要认识到，客户对金融产品的购买并不依托于礼品的好坏，他们购买我们的产品，核心原因是有购买的需求。礼品送得多、送得贵，客户的感觉不见得就好。如果我们连产品的理念都没有跟客户说清楚，客户即使当下因为礼品而对我们的产品产生了兴趣而购买，在后续服务的过程中，也会出现各种各样的问题。

以销售保险为例，有些营销员的专业技能不够强，在活动现场为了实现业务目标，就会跟客户说："购买××额度，赠送××礼品。"如果客户对保险没有一个良好的认知，也不清楚自己购买的保险到底解决什么问题，一旦成交后，客户就会觉得上当受骗了："我花了10万块钱，结果就买了这么一个金柱子？""我花了5万块钱，结果就买了这么一枚金币？"客户把所有注意力都放在礼品上，就会忽略保险本身的价值，甚至有很多客户会在续期缴费的时候选择退保，保费部的工作人员又要苦口婆心地进行劝导。这就是由错误的促成引导所导致的恶性后果。

我从事保险行业多年，也买了很多份保险。刚开始，我拿到家里的保单并没有引起家人的喜爱，他们还对我买了这么多保险非常不理解。婆婆问我："你买那么多保险干吗呀？送的东西也不值钱。保单放在那儿好多年了，也不见有什么用。"

我跟她讲："这摞保单是您儿子的，如果哪一天您儿子生了重大疾病，他就有足够的保障。这摞是我的，如果哪一天我生病了，也不拖累家人，因为我也有充足的保障。这摞是我们俩的养老保险，万一哪天我们的生意做得不好，我俩也不怕养老没钱花，至少能保证从60岁开始衣食无忧，保险公司会兑现给我们养老金；如果我们的生意做得不错，那么这份养老金就是锦上添花。我们还能用保单贷款，现在我们做生意，偶尔需要资金流动，到保险公司就可以贷款，还可以继续享受高利息。"

然后我就问我婆婆："您现在觉得咱家现在买的哪份保险是没有用的？"婆婆想了想说："我觉得你俩还要再买一点儿。"

这也充分证明了一件事，一旦客户对保险的理念理解了，我们再站在客户的角度上进行讲解,即使没有礼品,也可以做好营销。

二、创体验

赠送礼品其实并不在乎礼品的价值,我觉得更多是一种良好的体验。有句老话叫:"千里送鹅毛,礼轻情意重!"礼品到底该不该送?我的建议是,要根据不同的人赠送不同的礼品。每一位客户在拿到我们的礼品的时候,其实收到的都是一份情谊、一种感受。这就需要我们逆向思考客户需要的到底是怎样的体验,而不能站在我们自己的角度去思考送什么礼品。

有一次我去很熟悉的一家公司讲课,接待我的营销员一见面就对我说:"你想去美国吗?"我说:"咱们都是干保险的,你就开门见山吧。"他马上说:"买保险吗?年缴费10万元,5年缴费,送一个'美国游'。"

我直接否定了这个活动礼品的设定:"这个活动的设计本身就有问题。能买这种保险产品的这些人的年收入至少应该是100万元以上,因为每年缴费是年收入的10%是合理的。一个能够连续5年保持年收入100万以上的人,他在中国不是企业老板、明星演员,就是高精尖的技术人才。出国对于这些人来说就是家常便饭,甚至私人定制旅行也屡见不鲜。他们对于出国旅行的体验应该是要求高品质、拥有独立空间、自由行为主的。而我们公司从礼品设计的投入比测算,这场'美国游'估计多半是'上车睡觉,下车购物'的购物团。这种情况邀约客户去旅行不但对保单促成毫无帮助,甚至可能给客户带来不好的体验，最终导致退保。"

礼品的设定不应该以公司和营销员的体验为前提，而应该以客户的服务体验为前提。当然大家会说，如果这样设计礼品，要服务中高端客户会不会费用就会很高呢？其实不然。

我在辅导某国有银行的私人理财中心时遇到过这样的情况：他们要对私人财富中心资产千万级别的客户赠送圣诞节礼物，但是公司营销费用紧张，每个客户只有200元的礼品采购费，负责礼品采购的人咨询我如何处理。后来我们仅仅花了60元，不仅把礼品送去了，还让客户非常开心。

我们首先进行了客户首轮电话邀约确认，把在家过圣诞节的客户统计了一遍，并告知客户有一份礼物需要其亲自签收。确认了能够本人签收礼品的客户后，我们就开始准备礼品和其他工作。

我们在网上购买了圣诞袜，同时购买了一些曲奇饼干、巧克力和糖果作为圣诞礼物，装在圣诞袜里。客户经理穿上圣诞老人的衣服，拿着圣诞袜和一台微型摄像机去给客户送圣诞礼物。客户一开门，就觉得很惊喜，于是他让他的孩子马上都过来，孩子们也显得特别兴奋。

客户经理扮演的圣诞老人向孩子们讲解圣诞节的由来，然后一起做游戏、拍照，把圣诞袜送给孩子，让他们把圣诞袜挂在床边，再给他们拍一张照片，最后我们把这些所有照片和视频做成一张光盘送给这个客户。很多客户收到礼物后，都感慨地说："你们给我们家带来的是一个难忘且美好的经历。"

相信只有这样的体验才是客户终生难忘的。所以我们说送礼物不仅要考虑到礼品的成本，更重要的是我们送礼物的这份心意。

三、会包装

既然客户更关注的是送礼品本身的这份心意，那么我们就要学会通过有效地包装礼品，让客户感受到我们赠送礼品的意义。

比如养生专题，我们会在讲解的过程当中着重讲解喝茶对人体的好处，在讲解茶道的过程当中，会讲紫砂壶的作用。我们的专家会讲到紫砂本身的养生功效，以及如何用茶叶养紫砂。最后，我们会赠送给客户一个精美的紫砂壶。这时候客户关注的重点并不在紫砂壶的价格上，而在紫砂壶所传达的意义——健康和长寿。这就是我们对于礼品的包装。

通过上面的例子，我们不难看出，礼品本身的价格并不重要，重要的是我们以什么样的形式和怎样的包装方式将礼品送给客户。

四、强服务

不同的客户对礼品的诉求也不同。我们在传统沙龙营销的过程当中经常犯的错误就是用低价的礼品去服务高品质的客户。这不仅表明了我们对于高品质客户缺乏了解，也说明我们错误地判断了客户对服务的诉求。对于大部分追求高品质的客户而言，他们并不在意我们所赠送的礼品本身的价值，他们更关心的是我们能否持续地为他们提供有价值的服务。

在传统沙龙营销过程当中,许多营销员特别愿意跟客户去做这样的交易:"如果您在我公司购买××万元的保险,就可以获得价值多少的金制品。"而客户往往不容易在这个过程当中成交,于是很多营销员就会认为是我们送的礼品还不够丰厚。

事实并非如此。还是以保险为例,很多公司尝试着让客户在购买等额价值的保险产品时,赠送给客户高端医疗的免费挂号服务、全球机场贵宾厅服务、适合孩子的高品质教学体验课等,事实证明,这种服务模式的礼品反而更容易被客户接受。原因其实很简单,客户最希望的是当他购买过保险产品之后,能够持续地跟公司保持联系,而不是购买了一份保险产品之后,就再也不往来。公司送给客户一份礼物,其实从某种意义上也给了客户一种心理暗示:交易就此结束。如果我们能够提供一系列的后续服务,不仅向客户表明了服务是无价的,还向客户强调了能够长期与我们公司保持联系。其实几乎每家保险公司都有类似服务,只不过很多公司没有意识到把这些服务当作礼品包装送出去。

营销的礼品多种多样,我们不仅要考虑实体礼物,也需要把注意力更多地关注在对客户的周边服务上。例如,我在社区开门店会和周边的学校、医院、图书馆进行合作,结合客户的需求提供服务。

综上所述,营销策略不能仅仅停留在赠送礼品上面,更不要跟竞争对手比拼礼品价格的高低。我们应该追根溯源,思考向客户赠送礼品的根本原因,要为客户创造良好的体验,并且能够提供有价值的服务。如果你做到了这几点,不但营销成本会直线下降,而且会为客户增加美好的体验，并且能够带来与客户的长期服务黏性。

○● 沙龙现场促成很难吗

传统沙龙营销能够快速促成客户成交的方式已经过时了。在现阶段，现场促成是沙龙营销的一大难点。

很多学员常问我："陈老师，你有没有什么话术，让我们和客户成交的时候，同客户一说，客户就能够埋单？"这种快餐式的成交模式在20世纪90年代还相对盛行，它成功的本质并不在于话术本身，而在于当时市场处于空白期。经过长期演变，营销员就产生了一个思维误区，即经常想要用话术去套路客户。可是现在很多客户把我们的话术都倒背如流了，我们再用这套话术进行促成，就显得很幼稚，而且让客户觉得很可笑，不但无法促成，甚至会给自己带来更大的成交障碍。

如果仅仅靠话术来进行促成，显然已经无法满足现阶段的营销需求，因此我们应该回归到营销的基本流程上，让促成变得更加精准和有效。要想实现现场促成不靠套路，我们就要从树信任、讲产品、控节奏、促成交四个方面着手。

一、树信任

我们要相信客户的一切购买行为都源于对我们的信任，也只有基于信任的购买才能够长久。那么信任从何而来？我们与客户建立了信任关系，就如同彼此之间构建了一个"情感账户"。平时我们与客户的沟通联结都是在向"情感账户"里存款，这种信任是需要一点一滴积累的，而且积累起来也是比较难的。但是信任却很容易被毁坏，一件事就可以把所有的情感信任毁掉。所以营销员要珍惜自己与客户之间构筑的信任，尽量不要在营销的过程当中因为一些错误的言行毁掉我们跟客户之间好不容易构建起来的"情感账户"。

比如在邀约过程中，很多营销员特别怕去邀约客户，他们害怕被客户拒绝，所以不敢在邀约的过程当中跟客户说明现场会讲解产品，而是希望以礼品为手段先把客户邀约到现场，再进行后续的营销动作。其实在这个过程当中，我们就已经在欺骗客户，并且在给我们的情感账户减分了。往往最终的成交障碍也是因为客户觉得在这个过程当中被营销员欺骗，即便其有购买的行为和欲望，也不愿意在当场产生成交行为。

我的客户也问过我同样的问题："你们公司是不是就是想卖保险，所以才给我们举办这些沙龙呢？"而每次当客户问到这个问题的时候，我都会诚实地回答："保险公司卖保险产品是理所应当的，但是给客户提供有价值的服务，也是我们的服务宗旨。我们保险公司卖保险，是在我们与客户相互信任的基础上聊产品，我们只是将客户服务的形式与产品的推荐放在了一起而已。讲不讲是保险公司的服务行为，买不买则是客户自己做决定的。"这样的沟通会让客户觉得我们坦坦荡荡，他们也能够心安理得地参加我们的活动。

其实在整个营销的过程当中，我们只有跟客户坦诚沟通，才能够构建信任。从邀约开始我们就要和客户建立信任的关系，客户参加活动的每一个细节都要彰显公司的核心价值,让客户不断地认可我们,绝对不能让客户感到我们有丝毫不靠谱的行为。比如说大话、吹牛、诋毁同业等,这样的行为只会降低客户的体验度和信任感,最终都会影响促成结果。

二、讲产品

所谓的"讲产品"是指营销员和主讲嘉宾所讲的产品内容一致、产品理念一致。现阶段各家公司为了促成业务而不断地举办各种类型的沙龙,最终导致客户参与的沙龙与他们所需求的金融产品并不能够完全匹配。

这种不匹配往往来自两点:第一就是营销员不了解主讲嘉宾所讲的理念,没有办法有效地将自己的客户需求与专题内容相匹配;第二就是客户需求本身与活动专题并不匹配,营销员只是为了完成邀约目标,而将客户邀约到活动中。

比如,我们举办养老专题的活动,有些营销员就会邀请购买重大疾病保险的客户到现场。结果现场主讲嘉宾讲述之后,就会出现有的客户在购买主讲嘉宾所讲的产品,而有的客户又需要二次沟通新的理念去了解其他产品的情况。后者的出现大大降低了成交率,也会给同场次的其他客户带来困惑。

如何提高成交率?首先,一般情况下,如果我们要举办一场沙龙,就需要主讲嘉宾与营销员非常紧密地配合,从而避免营销员与主讲嘉宾的理念不相符的情况的出现。

我在平时讲解财富专题的主讲内容当中，一般会讲到财富积累的三大要素：保本、资产配置、资产传承。在我主讲结束之后，营销员就会结合这三大要素与客户进行有效沟通。

营销员促成的第一句话就是："今天我们的主讲嘉宾讲解了三个部分，您对哪一个部分更感兴趣？"比如客户回答资产传承，营销员就会继续追问客户现在资产的传承已经做了哪些准备、希望传承给谁、希望传承多少钱等问题。然后再根据客户的真实情况和需求，进行产品的配置。这样就会形成营销员与主讲嘉宾之间有效默契的配合，也能够大大提升客户对我们的信任度。

其次，在邀约的过程当中一定要做前期的判断。如果沙龙主题是讲解关于养老的，那就一定要邀约对于养老产品有一定诉求的客户，不要把所有的客户都邀约到同一个专题场次，然后进行不同的产品促成，这样会让客户觉得营销员不专业，也无法借力于主讲嘉宾的专业度。只有沙龙营销活动现场全员都讲解同一个专题内容、同一款产品才能形成合力，最终提升促成的效率。

三、控节奏

促成不是一蹴而就的，我们跟客户之间的关系就好像跳舞一样，要彼此协调，有节奏地进行促成。而在沙龙营销活动现场，我们往往会发现营销员急于促成更有钱的客户，而不是促成更有机会成交的客户。

有一个网络调研非常有意思：如果博物馆着火了，你会先抢救哪幅画？有人回复是最有价值的画，但是最佳答案是离门口最近的那幅画。这说明能够成功实现的目标并不一定是具有最大价值的那一个，而是最有可能实现的那个。这个道理大家都明白，但是往往营销员一到现场，看见资产丰厚的客户就会两眼放光，而忽略了更有可能成交的客户。

我以前做业务的时候，也犯过这种错误。有一次，我带着我妹妹和我的一位客户一起去参加产品说明会。在最后的促成环节，我把全部的关注点放在了那位客户身上，与该客户沟通了很久，却没有成交。后来我的助理跟我说："你为什么不去促成你妹妹呢？因为我听见他们两口子一直在研究是买1万元的，还是2万元的产品。"

营销员在现场促成时之所以会犯这种错误，主要是因为大部分营销员在活动现场无法根据客户的反馈做出精准的判断。所以我们要在每场活动里安排有经验的客户经理与客户一直沟通，收集客户的信息和需求，然后在促成的过程中合理安排促成团队的营销员，进行一对一精准促成。有效的促成节奏把控能够大大提升成功率，也能够不断地培养团队成员的促成能力。

四、巧促成

精品沙龙营销之所以是一种组织型营销，就是因为我们可以在营销过程中发挥团队合力，提升促成效率。在促成过程中，要做好团队成员之间的有效配合，比如不同性格的客户由不同的客户经理来服务，不同需求关注点的客户由不同的客户经理来负责。这就需要我们打破常规的团队合作模式，以客户需求为导向来分配促成团队的成员。

同时我们也需要借助沙龙主讲嘉宾和公司部门领导的力量来进行促成，我们不仅是借助他们的专业能力，也是借助他们的身份。需要注意的是，有时候对于人物的错误借力也会给我们带来一定的麻烦。比如有时候我在做沙龙主讲嘉宾的时候，也会遇到营销员需要我协助讲解产品的尴尬局面，这种局面就会导致客户质疑主讲嘉宾的专业度和产品是否真的匹配。因为如果主讲嘉宾不是本公司的员工，其就不适合协助营销员讲解产品，毕竟每家公司的领导更熟悉自己公司的产品，讲解起来也更吸引客户。

另外我们在向管理者寻求帮助的过程中，因为要借助主讲嘉宾或公司部门领导的特殊身份，所以一定在邀请过程当中表示尊重，这种尊重不仅是对其本人的尊重，更是对其身份的尊重。

比如我们在邀请主讲嘉宾协助促成时，可以跟客户说，因为主讲嘉宾比较难约，一定要提前想好要咨询哪些问题。这样也是让客户进行前期思考，有助于促成。如果我们邀请领导来进行协助，可以借领导的力量来为客户提供一些特殊等级的礼品。当然这种特殊的礼品也需要在客户当场做出购买决定时才会送出，这都是很特别的促成方法。

综上所述，我们不难发现，促成是一个系统的管理过程。从邀约客户开始，我们能否与客户构建良好的信任，将决定我们现场促成的成功率如何，因为信任就是从那一刻开始建立的。做好精品沙龙营销的系统化经营和管理，有助于整个活动的成功率提升。

我们把精品沙龙营销分为三个板块，在每一个板块都有不同的关注点，就像我们要完成一项任务的终极目标，应该把整体目标拆分一样，通过沙龙营销的系统模块化运作，逐步达成营销目标，最终完成终极营销目标。

第一个板块叫作筹备期。

在这个阶段营销员只是进行客户的活动邀约，并没有理念的导入和产品沟通。这个阶段我们的关注点应该更多地放在活动是否能够如期举办上，所以我们也把这个板块叫作"事件导向"。

第二个板块叫作活动期。

在这个阶段很多营销员特别容易在客户抵达活动现场就展开产品讲解和最终促成的营销，这样只会让客户的体验度下降，感觉我们就是为了营销而营销。所以在活动期，我们要以客户的良好感受为核心，关注客户的体验，让客户愿意接受我们的理念和我们的营销员。

第三个板块叫作服务期。

在这个阶段中，最重要的就是跟进有购买意向的客户，不能错过有意向的客户。其实大部分的成交来自于后续的追踪，我们在活动现场经常会遇到客户表示没有购买意向，但是回家后跟家人商量之后又有了购买的想法；也遇到过客户在现场已经成交5万元的保单，但是回家后跟家人商量又变成了3万元或者8万元的情况。所以说，真正的成交来自持续不断的追踪，更来自系统化的沙龙经营与管理。

○● 为什么大家都不愿意参加沙龙

现阶段业务团队存在的一种情况就是以硬性要求为导向来进行沙龙的举办和邀约。由于每一次沙龙的举办都存在一定的强制性因素，因此所有活动并不能够完全满足所有营销员的需求。时间长了，沙龙就变成了为了举办而举办，就失去了真正的客户经营与客户服务的意义，大家对沙龙的举办怨声载道，最后只能"上有政策，下有对策"了。

有一次我在广东某银行讲课，银行领导让我教他们怎么选照片。我以为是让我教他们的摄影师如何拍摄出能够打动客户，并且可以更好地宣传本行的照片，然而情况并不是这样。

这家银行要求各个网点每周都要举办一场沙龙，并将活动照片上传到公司微信群，以证明活动如期举办。由于网点工作人员并不知道沙龙营销的意义所在，也不清楚如何举办沙龙才有更好的效果，为了完成领导指派的硬性任务，各个网点就从不同的角度去拍。

一场活动下来，所拍摄的照片就够用四五回了。比如，4月上交的一场活动照片，总部发现客户都是穿着羽绒服来的。银行领导开玩笑说，大家为了完成任务，都忘记4月的广州有多热了。

这种情况如果持续下去，最终就会陷入大家都是为了活动而活动，客户不愿意来，营销员也不愿意举办沙龙营销活动的恶性循环。

我常说，没有结果的沙龙营销活动就是对资源的浪费。其实营销员每次邀约客户都不容易。如果把我们跟客户之间的信任联结关系当成一张信用卡的话，每刷卡一次都会降低额度，而一年之内我们邀约客户的次数是有限的，如果超过这个额度，这张卡就刷爆了，那么我们是否会珍惜每次刷卡的机会呢？如果沙龙营销活动的举办毫无目标，只是为了举办而举办，就容易出现把对的客户邀约到错的场次里的情况，最终就会导致错误的结果。要解决这个问题，我们需要从以下四个方面出发。

一、准定位

大部分沙龙之所以流于形式，主要是因为对于沙龙营销活动的定位不够清晰。作为沙龙营销活动的发起者，公司很少精准地告知营销员这次沙龙营销活动针对哪些客户举办，要解决哪些问题。比如，有些沙龙是为了给客户进行理念沟通，有些沙龙是为了产品促成。不同的举办目的和不同的客户群体会导致沙龙营销活动的组织形式、团队配合以及达成的效果都有所不同。

精品沙龙营销如何实现精准定位？活动的发起者要能够清楚地告知营销员活动的目标以及参与活动的客户群体，避免营销员因为错误的邀约而损失与客户见面的机会，或者是降低营销员的成功率。精准的沙龙营销活动定位能够协助营销员更好地服务客户，也能够为我们带来更高的业务产能。

在实现对沙龙营销活动的定位之后，我们要对沙龙营销活动进行分类。如果以沙龙经营的目标进行分类，我们一般可以把沙龙营销活动定位成四种模式。

1. 吸引客户型

这类的活动一般不把理念沟通和促成作为核心，而是协助大部分的营销员去实现与客户接洽发生关系的基本服务诉求。

在团队中我们经常会遇到这样的新营销员，他们有很多的客户群体，却不知道如何向客户开口表达自己的保险从业人员身份，也不知道如何让客户更好地了解公司。这就需要团队管理者来组织一场活动，协助营销员更好地邀约客户，让客户知道他是从事保险行业的，并且对我们的公司有所了解。活动就是一个噱头，我们可以以客户的爱好为切入点，带领客户一起玩，提升客户的参与感，从而提升营销员的邀约成功率。

我有个北京学生，他每周都组织"京郊游"的活动，每位客户交 80 元钱，他负责包车。这种活动 80% 的时间就是在玩儿和交流。

我有一个长沙学生是"90 后"，他每周五都举办"英雄联盟大赛""王者荣耀战队争霸赛"等活动，通过不同的组队，让客户能够参与到他们的活动中，从而最大化地接触客户、服务客户。

平时我们很难能够邀约客户到公司来，但是如果我们举办活动的地点在公司，或者在举办活动的时候把公司的介绍、Logo 等体现公司形象的内容展示出来，就能够实现让客户了解我们的目标。

2. 理念植入型

这类活动是以理念导入为活动的根本目标，主要针对的是已经接纳营销员，并且对保险公司有一定认知的老客户。因为有部分营销员对于理念的讲解不够清晰和透彻，就需要主管或者公司领导协助他们为客户导入正确的保险理念。传统的营销模式往往是主管一对一进行客户拜访工作，这样的工作方式既耗时，又效率低。如果采用理念导入式产说会的模式，就可以让很多营销员把针对同一个产品理念存在认知问题的客户聚集在一起，让业务主管进行一次性的一对多沟通。

我有一位学员，每周一上午安排一场专门给宝妈讲教育金理念的精品小产会，周一下午安排一场专门给个体工商户讲解现金流安排的精品小产会。每一天的专题都有所不同，但是每一次专题都请他的营销员邀约相关客群参加，每一场活动大概会来10~20位客户。这样一周算下来，他们整个团队的拜访量就可以达到200人以上。

在这个过程当中，我们会识别出对理念有所认同，并且产生了一定的产品购买欲望的客户。然后我们会将这些客户邀约到周末举办的、以产品促成为导向的产品说明会专场。

该类沙龙讲理念会占据60%的时间，用20%的时间简单导入产品进行说明，在现场不会强势促成，也不会造成客户不适的感觉，剩下的20%的时间就做客户服务和专题解答。这样的活动氛围比较轻松，营销员没有促成的压力，客户也没有任何的购买压力，客户参与度还是非常高的。

3. 客户体验型

这类活动是以客户的体验为核心，通过客户的良好体验来促成客户愿意帮我们进行转介绍的活动。

既然是以转介绍为主要服务目标,那么活动现场就不会过多地讲解产品和促成,我们要考虑到的主要是客户为什么愿意带他的朋友来参加活动。简单来说,就是需要寻找一名客户愿意带朋友来参加的活动噱头。在活动的过程当中,充分发挥客户的社交属性需求,既要让老客户觉得有面子,也要让新客户体验良好。

这样的活动 60% 以上是以社交为目的,以理念介绍和公司介绍为辅助的。活动的氛围和活动的形式是客户体验型沙龙的关键所在。

4. 业绩产出型

该类沙龙以业绩的产出为核心目标,那么在邀约客户的时候就要邀请对公司、对营销员,以及对理念都有了很深刻认知的客户。这类客户只差"临门一脚",就能够实现最终的产品促成。所以在举办该类沙龙的时候,主办方一般会花 80% 的时间来包装理念和产品,同时为了达成促成目标,也会提供一些现场的促成礼品。

这类以业务产出为导向的沙龙是我在日常应用较多的一种沙龙形式。在举办的过程当中,营销员相互之间的配合尤为重要,特别是一些业绩出色的营销员和业务主管都要承担沙龙促成团队的工作。

针对沙龙的不同定位,我们每个月都要根据客户的情况来决定不同组织形式的沙龙的举办场次以及举办时间,并且清楚地告知营销员在每个不同的场次应该邀请什么样的客户来参与。这个过程不仅可以协助营销员更精准地了解客户经营和客户服务的根本理念,也可以帮我们培养一批优秀的沙龙主讲嘉宾。有些嘉宾比较擅长做理念沟通式的沙龙,有些嘉宾比较愿意带领业务团队和客户进行趣味活动。所以沙龙可以激发团队每一位成员的积极参与的热情，也能够帮我们识别团队当中的优秀人才。有了精准的沙龙定位，就可以避免客户的资源浪费，也会大大提高营销员的参与度。

二、细分类

传统的沙龙营销在未来的市场之所以不适用，是因为在传统沙龙营销过程当中，单场活动对于客户的邀约数量有着较高要求，而营销员没有办法做到对客户精准分类。于是宝妈、个体工商户、公务员、企业主等形形色色的客户群体聚集在同一个沙龙现场，沙龙的活动形式和主题内容没有办法同时适应不同群体的需求，最终无论是客户还是营销员都会觉得沙龙体验很差。而我们所倡导举办的是精品沙龙营销活动，所以我们可以在举办的过程中结合对不同客户的精准分析，实现沙龙举办形式和内容的匹配，提升沙龙的举办效果，也能让客户拥有良好的体验。

沙龙的客户分类越细致精准，沙龙的效果就越好。比如，在职宝妈和全职太太是完全不同的：全职太太虽然手中常有足够的资金，但是她们很少拥有对家庭财富的决策权；而在职宝妈虽然手中可供支配的钱不多，但是有自主决策权。在精品沙龙营销过程当中，我们往往会要求夫妻双方同时到场，根本原因就是避免全职太太没有家庭财富的决策权。如果我们不对客户做精准的分类，就会同时要求在职宝妈和全职太太都要夫妻双方到场才可以参加，这样就会限制客户邀约成功率。

服装类个体工商户和餐饮类个体工商户也有很大的区别。一般服装类产品的个体工商户每年有两次到三次的大型订货会，这时候就会占用他们的大额资金，保险产品的保单贷款所具有的可以按日计息、随时还款的优势对他们而言就比较有吸引力。餐饮类老板一般很少出现大额资金占用的需求，保单贷款对他们的优势就不是非常明显。

因此，我们在现场讲解分析的时候，就可以根据不同客户的需求有针对性地进行产品优势分析。

三、重宣导

精品沙龙营销是否能够按照要求执行和落实，其关键在于营销员能否正确理解活动的意义，以及按照要求邀约到合适的客户。精品沙龙营销成功的关键在于营销员的执行力，而营销员的执行力第一要素就是他们本人对活动的认可，愿意参加活动。

在精品沙龙营销的日常管控的过程中，以及公司在进行精品沙龙营销活动的宣导时，活动主办方往往只是告诉营销员活动举办的时间和地点，以及邀约的目标客户数，却不能很精准地告诉营销员需要什么样的客户参加，以及沙龙能够为客户解决什么样的问题。这样的宣导往往是无效的，因为类似的活动几乎每天都在举办，营销员对于类似的活动已经处于麻木状态。所以要想让沙龙营销活动有效，最重要的是首先激发营销员对活动的兴趣。

那么如何能够提高精品沙龙营销宣导的效率呢？其实沙龙就是一个万花筒，沙龙的主题、流程、主讲嘉宾、活动礼品等都可能会吸引到不同营销员。能够把沙龙的每一个细节都进行包装，在不同节点去吸引不同营销员的眼球，才是提高沙龙营销活动宣导的最有效的办法。所以沙龙的早会宣导非常重要，要在每一天换不同的角度进行精品沙龙营销的宣导。

表2-1是我们在举办沙龙营销活动的周一至周六的早会安排，大家可以通过这个内容去思考沙龙营销宣导和早会经营有哪些地方可以改善。

表2-1 沙龙活动一周早会安排

时间	早会安排
星期一	"小小金融家"活动宣导
星期二	5~10岁儿童家长痛点分析
星期三	活动流程解析、邀约流程分享
星期四	"小小金融家"专题分享
星期五	产品计划书设计与促成通关
星期六	"小小金融家"活动模拟

我们可以模拟一下营销员每天对于早会的态度。因为日常的早会以正面宣导为主，所以大部分营销员对于早会的内容并不是十分在意。如果按照这样的早会安排，周一早会的宣导可以让大部分的伙伴知道我们要举办一场什么样的活动。这时大概有20%业绩出色的营销员会主动参与到活动中，而绝大多数营销员依然不能够理解活动的意义，或者也没有被激发参与的意愿。

到了星期二，我们重点讲解该类客户的痛点，此刻会引发部分营销员思考他自己的客户是否存在相同的痛点，这也有助于激发营销员进行客户名单梳理，进一步进行活动邀约。

星期三的早会进行活动流程的解析，以及邀约流程的分享。这时会有一些业绩出色的营销员分享成功邀约的案例，会将部分营销员的邀约盲点解决掉，这就促成更多的伙伴进行客户邀约。

星期四、星期五的沙龙专题分享和产品计划书设计与促成通关，都能够促使营销员更清晰准确地了解活动内容，同时也会激发部分营销员想要他的客户参与到活动中的欲望。

最后一天的活动模拟可以让部分没有参与的营销员也对活动有清晰的了解。这就为下一次类似活动的举办做了铺垫，让错过本次活动的人提前预热，做好下一次邀约准备。

所以内部宣导对整个活动的举办至关重要。而在内部宣导中，主管的核心目标是激活营销员对活动的兴趣，能够把活动从不同角度进行优势包装，让早会变得更加有趣、生动，增强营销员对于活动的兴趣，并解决他们的认知盲区，带领他们一起梳理客户名单，通关促成话术，解决邀约难题。

四、勤沟通

沟通是管理行为中最关键的要素，很多管理动作无法落地，究其根本是沟通不善导致的。在活动组织的过程中，主管与营销员之间的沟通过于关注结果，而忽略了过程，双方要么不善于沟通，要么不会沟通，这才导致活动落实起来困难重重。

在精品沙龙营销活动的沟通过程中，往往存在以下几个突出问题。

1. 双方目标不够明确

主管作为活动的策划者，对活动目标是非常清晰的。但是营销员作为活动的执行者，并不能清楚地了解本次活动的终极目标，或者对目标存在一定的误解。这需要主管不断与营销员沟通，确保双方对活动的目标了解是一致的。

2. 客户群体没有梳理

这是大部分营销管理过程当中容易出现的问题。主管往往更关心是否约到客户，而忘记了应该邀约什么样的客户。所以在活动举办之前，应该由主管带领营销员对客户名单进行精准的梳理，这个过程也是客户管理的辅导过程。

3. 过程追踪落实不到位

在邀约的过程中，主管往往会问营销员 A 是否已经完成邀约目标，A 的回答也是已经完成。而事实上，A 并不一定真正完成了活动邀约，因为营销员对于是否成功邀约存在一定的误判。所以主管应该与营销员在邀约结束之后进行邀约情况的细节管理，对每一位客户的情况进行精准分析，并告知营销员如何进行现场的服务和促成。只有这样的沟通，才能确保营销员充分了解活动的内容，以及应该如何配合活动以达成最优结果。

综上所述，我们不难发现，并不是沙龙营销活动本身存在问题，导致营销员不愿意参加，而是营销管理团队没有将管理细节执行到位，让营销员对沙龙营销活动存在一定的认知误区。所以要想让每一次沙龙都能实现最佳效果，不浪费客户资源，我们就应该做到准定位、细分类、重宣导、勤沟通。

○● 会后追踪客户为什么再也追不到

很多客户参加了一次沙龙营销活动后,就不愿意再与营销员联系了,也不愿意再次参加公司举办的其他活动,使得大部分营销员怀疑是沙龙活动本身导致的客户资源流失。事实上,沙龙营销活动的后续服务跟踪,以及二次邀约的成功率,是决定上一次沙龙营销活动成功的关键。

从沙龙营销的本质来看,我们完全有可能通过实现一次活动,进行多次邀约,这样我们就可以通过沙龙营销活动来构建一个可持续系统。这种能够带来持续邀约成功的活动系统可以帮助营销员更好地经营和服务客户,也能大大提高后续沙龙举办的邀约成功率。这需要我们重新构建对精品沙龙营销本质的认识——沙龙本身是一种客户服务模式,而不是一种以促成为导向的营销工具。客户能够持续参与我们的活动,缘于活动本身为客户带来的价值。所以,要做好客户的持续邀约,我们需要做好以下四个关键动作。

一、给"甜点"

我们都听过这样的一个故事:一只小兔子去钓鱼,第一天在湖边钓了一整天,一条鱼都没有钓上来,小兔子觉得是运气不好。第二天又去钓鱼,同样一条也没钓到,小兔子觉得应该是技术不好,要跟别人好好学一学。第三天跟身边的人学习后,又开始钓鱼,结果刚刚把钓鱼竿甩到河中,河里就跳起一条鱼打了小兔子两巴掌,说道:"你再拿胡萝卜钓我,看我不打死你。"

通过这个小故事,我们可以反思为什么我们"钓"不到客户。其实就是"鱼饵""甜点"给错了,没有弄清楚客户的需求,随便一个话术就开始邀约,往往邀约话术的重要"甜点"都是礼品,这就很容易邀约到只对礼品感兴趣的客户。事实上,沙龙的主题、主讲嘉宾、活动场地、活动流程、参会客户、特殊名额等都可以被包装成"甜点"。

针对不同的客户,我们可以用不同的"甜点"对客户进行邀约。很多老板、白领等职场人士,他们可能不关注我们赠送的礼品,而关注活动的主讲嘉宾。"90后"客户,他们更关注的是活动形式和活动内容。如果活动组织得生动有趣,我相信比主讲嘉宾是谁更容易吸引到他们。

因此我们要根据不同的目标客户群体、不同活动流程和策略,来设计我们的邀约话术。在邀约的过程当中,客户只会给我们几分钟的时间说明活动的内容。所以要在最短的时间内激发客户对活动的兴趣,就要给对客户"甜点"。

二、精细节

我曾经听一位老师讲过:"你的队伍跟别的队伍之所以不一样,就是因为你的队伍在每个细节比别的队伍多做了1%。"其实我们不需要比别人优秀很多,只需要在每个细节中能够比别人多做1%,这些细节累加到一起的威力是无穷的。

各类金融机构都在举办沙龙,谁的细节做得更加精准和细致,谁就能够脱颖而出。客户现在已经越来越重视细节管控的力量,他们往往不会听我们说了什么,而更关注我们做了什么。无论是日常营销工作,还是营销活动,细节的把控都是至关重要的。越是大的公司,其细节就做得越好,这也是日积月累的行为习惯,它们渗透在每一名工作人员的骨子里,是无法演出来的。

有一次我去一家银行上课,这家银行给我留下了非常深刻的印象。他们的办公室主任在我所居住的宾馆里为我准备了水果,并且把细节做得尽善尽美:他们把葡萄带根茎剪断,然后洗干净放在了一个盒子里,这样就更方便客户直接食用。我在这里培训了5天,我发现办公室主任每一天都会到我的房间去检查水果的数量和品种是否充足,然后根据水果消耗的情况来进行选择性的添加。

当我再次来到这家银行进行培训时,我发现房间所放的水果都是我爱吃的。办公室主任能够把接待工作的细节做得如此细致,我相信他们的工作人员同样可以把客户服务流程做到尽善尽美,他们银行的服务能力是超出同业很大一截的。

精品沙龙营销的细节主要体现在哪里呢?流程组织是否足够严谨,活动的宣传展架和礼品的摆放是否合理,整个活动是否有统一的 Logo、桌牌、宣传海报、条幅是否有一致的设计风格等,这些都是活动细节的管控。真正的细节管控到位,能够带给客户一种整体良好的感受,客户无法具体说明到底哪里做得与众不同,但就是很喜欢我们的活动氛围和流程，愿意再来参加。

有段时间，有一名客户经常来我们的沙龙。我很好奇地问他为什么这么喜欢参加活动，他说："我是做家具销售的，我们的活动办得不好。各家公司我都去过了，但我总觉得还是你们这里最让人感到舒服，却不明白你们到底在哪里不同，就多来几次学习一下。"这就是我们比别人多做 1% 的结果。

三、埋伏笔

二次活动邀约要做好，不仅是要把每一次活动做好，更重要的是在每一场活动埋下下一场活动的伏笔。

埋伏笔的方式其实相对较简单，就是要做好客户调研问卷，所以调研问卷的设计就变得非常重要。沙龙营销活动调研问卷的主要目标是让客户提供转介绍名单，并且埋下下一次参加活动的伏笔，所以调研问卷的问题设计不应该具有较大的攻击性。有一些活动主办方会把问题设计成："请问您对我们公司的产品满意吗？""请问您要买价值多少的保险？""您在买保险的时候，遇到了什么问题？"……用这样问题攻击性太强，会让客户回避回答，更无法对客户下一次参加活动带来任何帮助。这样的问题不仅是无效的，更是非常可笑的。

我为大家准备了一个调研问卷的范本，可以供大家参考。

××活动满意度调研问卷

尊敬的客户：

本着为客户提供最优质服务的核心理念，我公司将竭尽所能为您提供更多趣味服务活动。为了提升我们的服务能力，提高服务品质，希望您能够对我们的活动给出更多建议。感谢您对我们调研的支持，我们将赠送您和您的朋友免费活动名额。

1. 您对我们服务满意吗？

    A. 非常满意　　　B. 很满意　　　C. 满意　　　D. 一般

2. 您最喜欢我们活动的哪个环节？

    A. 体验活动　　　　　　　　B. 礼品赠送

    C. 专题讲解　　　　　　　　D. 产品分析

3. 您购买过理财产品吗？

    A. 非常多　　　B. 有一点　　　C. 几乎没有

4. 如果你要对您的资产进行规划，您更关注哪方面？

    A. 教育　　　　　　　　　　B. 健康

    C. 养老　　　　　　　　　　D. 资产保全

5. 我司为您提供五次免费的活动，请问您愿意参加什么类型的活动？

    A. 红酒品鉴活动

    B. 亲子情商培养活动

    C. 旧衣改造活动

    D. 家居养生餐活动

    E. 亲子采摘活动

F. 品茗养生活动

G. 少儿财商养成活动

H. 瑜伽养生活动

I. 妆容设计活动

J. 性格分析活动

6. 为了更好地提高您服务体验，每次您可以带一位朋友参加。请填写您希望邀请的朋友名单。

嘉宾姓名_____   电话_____   邀请参与_____活动

嘉宾姓名_____   电话_____   邀请参与_____活动

嘉宾姓名_____   电话_____   邀请参与_____活动

嘉宾姓名_____   电话_____   邀请参与_____活动

嘉宾姓名_____   电话_____   邀请参与_____活动

这份调研问卷表面上看起来是对活动的调研，实际却是为二次邀约埋伏笔的工具。通过这个转介绍工具，每一次可以让老客户帮忙转介绍3~5名新客户。这种转介绍的方式比较容易被客户接受，因为我们是在搭建一个交友的平台，以服务为导向邀请客户一起参与。同时，因为老客户给我们介绍了新客户，二次邀约也变得很容易。一方面，因为活动是客户自己选择的，所以邀约的时候更容易切中客户的需求点，客户参与的可能性更高；另一方面，因为我们是同时邀请客户和他的朋友参加活动，所以很多客户不好意思拒绝参加。

四、建社群

要想实现更高效的二次邀约，最好的办法就是构建客户服务社群。目前，社群化经营已经成为现阶段客户经营和服务的一种常见形式，它可以突破一对一服务的限制，同时与很多客户保持良好的服务关系。社群的构建基础往往源自社群成员之间的共同兴趣爱好、职业特点或者地缘特点等要素，相互之间建立信任也更加容易，对于后期成交也有很大的帮助。

我们可以在宝妈专场沙龙举办的过程中建立一个微信群。在宝妈的社群里，我们可以发送关于健康饮食、子女教育等话题的资料和图片，这些内容都是宝妈比较关注的，容易引发她们的共鸣。

在后续宝妈专场活动时，我们可以邀请其他宝妈客户加入这个群。随着经营时间越来越长，群里就会有一些宝妈在线上相互交流，只是线下沟通的机会相对欠缺。等再次发起宝妈类的活动时，我们可以将活动专题的邀请链接发到群里。这时候平时比较相熟的几位宝妈就会相约一起参加活动，这样我们就实现了从以往约一位客户到现在约一群客户的转型。

我们可以根据不同的客户特质以及不同的产品需求等特质成立很多不同的微信群，偶尔也可以在群里讲解相关的保险理念，培养客户对保险的基本认知。

构建社群的营销模式可以帮助我们更好地服务同质客户，通过社群化管理可以让我们的营销变得越来越简单。而我们所要做的就是基于社群客户的基本需求和特点进行有价值的服务，通过线上的社群服务和线下的沙龙联结，不断地与客户发生联系，最终实现客户价值的深度营销。

综上所述，要想实现良好的沙龙邀约效果，我们不仅要重视每场沙龙举办的细节，更要重视构建可持续服务的营销模式，让客户对我们的服务形成依赖。

当然，在这个过程中，后续的追踪服务也是至关重要的。大部分客户在参加完活动后，对我们的活动或多或少都会有一定的心理评价，因此我们要持续跟踪服务客户，一方面进行最终的业务促成，另一方面要了解客户对我们活动的满意度，如果客户出现了不满，也可以及时补救。所以我们将最关键的工作安排在沙龙举办过后的服务期。

在服务期，营销员要对所有的客户进行全方位的追踪。我们一般将沙龙客户分为两类，进行分别追踪：一类是邀约到场客户，一类是邀约未到场客户。到场客户又分为到场成交客户和到场未成交客户。往往现场成交客户也不一定是最终的成交客户，有的客户现场预签业务5万元，结果实际购买4万元；也有客户现场不想购买，结果追踪出大单。所以活动的追踪，不能只关注促成现场成交的客户，凡是到场的客户我们都要进行服务追踪。一方面是追踪业务的指标，另一方面也要追踪客户为我们提供转介绍名单。

针对未到场的客户，我们也不能放弃。营销员容易产生的一种思维误区是觉得客户不到场就是对我们的不认可。事实上大部分客户是个人时间安排的原因，没有办法参加我们的活动，而且还会有部分客户持续关注我们活动举办的情况。所以活动结束之后，我们也要对未到场的客户进行持续的跟踪服务，邀请客户参加下一场活动。

为了更好地实现二次邀约，我们还要注意自己朋友圈的文案编辑。活动邀约的时候，活动举办的时候，活动结束的时候，都要在朋友圈里有所体现，让客户感觉我们的活动举办得非常棒，让没有来的客户期待下一场。

这里给大家附上针对不同客户的会后微信追踪文案的模板，供大家参考。

到场成交客户微信追踪文案

尊敬的××先生／女士：

感谢您参加我司于×年×月×日举办的××活动，本次活动已经圆满结束。本次活动客户到场××人，现场确认理财金额××万元。恭喜您现场认购理财金额××万元。为了确保您的权益，我会在三个工作日内为您办理相关手续，请您准备好身份证复印件、银行卡复印件，我会在办理手续之前给您致电。

再次对您的支持表示感谢。

到场未成交客户微信追踪文案

尊敬的××先生／女士：

感谢您参加我司于×年×月×日举办的×活动，本次活动已经圆满结束。本次活动客户到场××人，现场确认理财金额××万元。由于您现场未确认认购本产品，为了保障您的权益，并协助您做好理财规划，我们为您预留三个工作日的认购权。届时如有需要，我会随时为您提供咨询和业务受理服务。

未到场客户微信追踪文案

尊敬的××先生/女士：

感谢您一直以来对我司和我本人工作的支持。我司于×年×月×日举办的××活动得到了您的关注，已经圆满结束。本次活动客户到场××人，现场确认理财金额××万元。由于会务时间安排，您无法亲临现场，我深感遗憾。故将讲师所讲解内容记录整理，并为您预留一份精美礼品。我会在三个工作日内为您送上礼品和资料。

再次感谢您的支持。

后续服务追踪最关键一步就是要求转介绍。无论客户本人成交与否，如果能给我们转介绍客户，就说明对我们的活动是满意和认可的。转介绍也要成为营销人员的一种销售习惯。

针对已成交客户转介绍文案

尊敬的××先生/女士：

感谢您从我司购买××万元的产品。因为您对我的认可，公司特别奖励我这款限量产品的额外××万元额度。如果您身边有朋友也有需求，可以优先给您的朋友开放额度。您看您身边是否有像您一样有责任心，也有经济实力的朋友可能对我们这款产品有兴趣？方便给我介绍几位吗？

针对未成交的客户转介绍文案

尊敬的××先生/女士：

感谢您对我们工作的支持。可能现阶段我们的这款产品与您的需求不能完全契合，但因为您是我们的老客户，所以我们才开放这个额度出来。您可否帮我介绍两位朋友，也不至于造成这个产品额度的浪费？

如果我们能够将筹备期、活动期和服务期的工作精准落地，那么精品沙龙营销就会变得非常完整，营销员的参与度也会越来越高。精品沙龙营销的关键在于流程的精细化管理，培养团队自主经营意识。通过沙龙营销，规范日常营销工作的每个细节，构建沙龙营销功能组，最终形成客户可持续营销的服务系统。

○● 精品沙龙营销与组织过程中如何发动集体的力量

在前面五个小节里，我们重点讲解了沙龙营销遇到的一系列问题。同时我们不难发现，如果想将沙龙经营好，就需要团队成员形成合力。传统沙龙营销管理的过程中，从组织到主讲再到促成，都变成了团队主管一个人的事情，一场沙龙由一位或者最多两三位主管来完成，而营销员在这个过程中并没有起到任何的辅助配合作用。原本可以相互借力的组织营销行为变成了一种不可持续的保姆式营销行为。出现这种结果的根本原因就是组织管理不当，岗位配合不到位，无法发挥每一位成员的主观能动性。这种情况会大大减弱组织营销的效果，对沙龙的可持续经营非常不利。

而本书所介绍的精品沙龙营销作为一种组织营销行为，则需要发动集体的力量，让每个团队成员都能够参与进来。这不仅能够提升活动的整体营销效果，更重要的是要通过这样的组织营销来提升团队凝聚力和培养团队成员的个人能力。

那么如何做好组织营销的团队配合呢？有一个最简单也是大家最熟悉的方法，就是构建组织营销功能组，让每一位成员都清楚地了解自己的工作要求、工作标准和工作目标。通过理流程、定岗位、先预演、多总结四个关键环节，不断培养和提升团队成员的工作能力和效率，通过岗位之间的有效配合，最终实现高效能组织营销目标。

一、理流程

清晰的活动流程能够指引每一位团队成员完成工作目标，加强岗位之间的有效配合。团队成员在活动中不作为的关键原因往往是对于本职工作的流程不够清楚。梳理流程的目的，就是要求所有团队成员可以同心协力去做一件事。所以梳理流程不能只是简单的活动流程讲解，而应该明确告知团队成员为什么要做、做到什么程度、怎么做到。只有每位团队成员对自己的工作职责，自己与团队伙伴之间的配合要求，以及整个团队的互动目标都非常清晰，才能够实现最佳的配合。

在精品沙龙营销的过程中，我们需要给每个岗位制定一本明确的岗位职能手册，针对每个岗位的工作目标、工作标准、工作流程、所需工具、团队配合等方面都要有详细的说明，这种岗位职能手册的好处就是可以快速复制工作人员。关于每个岗位的执行手册，我会在第三章里给大家详细讲解。

团队主管要针对不同岗位组建功能小组，先根据岗位的工作需要进行工作能力培养，再在每次活动开始之前结合当期活动的策略目标进行岗位配合流程和目标的二次梳理。

二、定岗位

作为团队成员，每个人都只愿意做自己岗位职责之内的工作。在管理学里有这样一种现象：领导觉得"重要的事情等于人人做"，"人人做的事情"在工作人员看来"等于别人做，别人做等于我不做"。所以，到最后领导觉得重要的事情就成"没人做"了。这种奇怪的管理效应会导致团队吃"大锅饭"的情况比较严重。产生这种现象的主要原因就是没有明确的定岗定责，最终团队就会出现责任推诿的情况。所以，无论是精品沙龙营销的管理，还是日常工作的管理，都要明确地定人、定岗、定标准。

我家里经营宠物店。按照规划，每开一家宠物店就会养一只宠物狗，在店里作为明星狗，并且每一只宠物狗在店里都会有专人照顾。

某次一家新店开业的时候，发生了一件有趣的事情。新门店除了有一只门店的明星狗外，还有我爱人购买的几只猫。这时候我发现竟然有店员喂狗而不喂猫。通过与店员的沟通，我发现在管理流程中我们忽略了定岗位与流程中存在的问题。

每一家门店都有训练师的岗位，在这个岗位的工作手册里具体列明了岗位职责的标准和流程，并且清晰地写了这个岗位要负责门店内所有宠物狗的养护工作，特别是对明星狗的看护，但这里没有写对猫要怎样管护。

而且，这里还存在另外一个问题。门店饲养的宠物狗在二楼，而猫在一楼；工作流程默认训练师只负责二楼，店长只负责一楼。这就是没有分清楚职责，没有定好流程，也没有定好岗位。

当我们重新将岗位职责梳理清楚，并且明确由哪一个岗位来负责猫，一个月以后猫竟然比狗还要胖。

没有明确的岗位职责和流程的梳理，员工工作起来也会没有章法。所以运用有效的制度进行岗位职能管理，并且对工作效能超出岗位预期的员工，我们要及时给予奖励，这样就可以激活所有的员工在依托岗位职能工作的前提下，有效进行合理创新。所以我们在精品沙龙运营的过程中，要组建岗位功能组，给每个功能组制定好工作流程，在每次活动开始之前，更要明确岗位职责，这样就可以让整个团队配合起来井然有序。

三、先预演

在每一场精品沙龙营销活动正式举办之前，我们要进行预演。因为每一场活动的场地、人员和客户情况都不尽相同。

预演不能是走过场，而是应该让每一个岗位的负责人了解在不同的时间节点和不同的环境下，应该如何有效地配合。在预演过程中，我们主要考虑的是活动现场的设备是否好用、团队成员之间的配合是否得当，以及我们的课程内容是否符合客户的基本诉求。要让每一名团队成员对活动的流程做到心中有数，也要让团队成员在遇到突发状况的时候，能够做好准备以便及时应对。

一场活动成功与否与我们是否进行了预演有直接的关系，作为团队队长，我们千万不要以参与活动客户的多少，或者活动规模的大小来决定是否要进行预演，因为每一场活动对我们都至关重要。

四、多总结

我非常喜欢的两个公式是"1的10次方等于1""1.1的10次方大于2"。这两个公式告诉我们，如果每一次活动结束不做任何总结，那么就等于1的10次方，说明我们在做重复的一件事；而如果每次活动结束之后，都能够针对活动的情况进行总结，就可以加以改善，这就等于我们在做1.1的10次方的工作，哪怕每次只是改善一点点，持续的积累也可以让我们的营销效果发生很大的改变。

每一场活动结束之后，我都会带着团队成员去总结，不断地发现问题，并且进行细节的调整。一个营销系统的构建，需要每一场活动的经验萃取。市场在变，营销员的服务能力在变，现场的产品也在变，唯独总结永远不变。

根据近千场沙龙营销活动的总结，我们得出了有效进行沙龙运营管理的四大基本理念，这四大基本理念也是指导精品沙龙营销管理的核心思想。

1. 树立品牌形象

沙龙营销活动的举办是树立公司品牌形象的最佳机会，通过沙龙营销活动可以批量邀请客户了解我们的公司。无论现场签约与否，我们都要向客户展示良好的企业形象，这样才能促进后续的服务跟踪以及产品促成。

品牌形象的树立包括硬件形象和软件形象两个方面。硬件形象一般指精品沙龙营销活动的场地，以及公司的展架、条幅、桌牌等物品的摆放。

物品准备时要非常注重细节。比如，在一次活动中，我竟然看到一家公司用透明胶来粘贴展架上的破损部分。当然我并不反对在日常工作中要节俭，但是在大型场合中，我们应该注意公司的整体形象，不能因为一个破损的展架让客户对公司的整体形象产生怀疑。我们要保证条幅、桌牌、展架，以及现场所有展示品的设计和Logo的一致。

同时我们也要注意所有的物品应摆放整齐。我在参加一些公司举办的活动时，偶尔发现大家在签到台处摆放衣服、包、办公用品、iPad等物品，整个签到台看起来杂乱无章。这样的细节也会让客户看在眼里，记在心里，这对公司品牌形象的塑造是不利的。我们可以把物品摆放在指定的房间里，尽量确保在展示给客户的所有公共区域内，物品的摆放都是整洁有序的。

软件形象主要指营销员的着装和日常礼仪。首先，软件形象体现在营销员的着装上。如果在一个活动现场，营销员没有统一着装，我们可能完全分不清哪些人是客户、哪些人是营销员；客户在活动过程当中也就无法判断哪些人是工作人员、哪些人是客户，自然也就不清楚遇到问题向谁寻求帮助。可想而知，这样的感受也会给公司的品牌形象减分。

有一次我去大连的一家公司做分享，这家公司的所有营销员统一着装，非常漂亮和整洁，我进入会场以后，感到很震撼。作为一家金融服务性公司，我们要向客户展示出严谨的工作状态，应该首先从着装开始。

其次，塑造软件形象要注意在活动过程当中的行为表现。传统沙龙营销中经常会碰到营销员用包或衣服占座的情况，或者在活动现场大声喧哗、吸烟等，这些行为都会破坏客户对公司的品牌形象认知。

营销员的个人表现不仅仅代表个人的综合素养，也代表了一家公司的综合素质。品牌是靠大家来维护的，我们要服务中高端客户，就要有匹配中高端客户的服务能力和品牌意识。而一家公司的品牌形象不是由公司所倡导的某一句口号来展现的，而是体现在公司举办的大型活动的每一个细节，以及每一名公司工作人员的每一个行为表现当中。良好的公司品牌形象，来源于每一名工作人员的认真维护。

2. 养成推崇文化

团队文化也体现在营销员相互之间的关系上。作为一个团队，工作人员应该是彼此欣赏、彼此认同的。而在团队中往往会出现这样一种现象：当客户咨询某一位客户经理的情况时，由于不是自己本部门的同事，大家的表现非常冷淡。这会让客户怀疑整个团队的文化，更无法相信保险公司如我们所说是一个感恩、博爱和相互帮助的团队。

团队整体形象的印象分将决定了客户对我们的信任度和公司的认同度，所以我们应该在团队中培养营销员相互推崇的能力。

大家都学过赞美客户。赞美的初衷不仅是促成成交，更重要的是发自内心对身边人的认可，所以我们可以先从赞美同事开始。可以设想这样的一个场景，当客户向我们咨询某一位客户经理的情况时，我们能够对这位客户经理为人谦和、做事认真、专业敬业等优点侃侃而谈，那么客户就会在心里给这位客户经理加分，同时也会给我们的团队整体加分。如果所有的团队成员都能够彼此推崇相互信任，构建这种以推崇为导向的团队内部文化，就会使团队营销文化的大环境越来越好。所以团队成员互相搭台，这场戏就能唱起来；团队成员互相拆台，营销目标就无法实现。

3. 形成补位制度

一场活动的现场难免会发生各种各样的意外和突发事件，这就要求所有的工作人员不仅要完成本职岗位工作，也要能够在发生突发事故时及时补位。

那么如何做好补位工作呢？这就要求每一名工作人员不仅要掌

握本岗位的工作职责和流程，也要对其他岗位有所了解，所以我们一般会要求所有的公司工作人员参与到各个功能组当中。随着参与的活动场次越来越多，大家对各个岗位的理解也会越来越深刻。这样，当现场出现突发事件时，我们才能够做到在第一时间进行有效的岗位衔接。这是无法通过书面教材获得的，它需要工作人员有大量的沙龙举办经验。

在现场补位的过程中，我们需要注意两个关键要素。

第一，客户经理不补工作人员的岗位。客户经理是现场服务的第一责任人，客户服务和产品促成是活动举办的终极目标，客户经理需要保持持续与客户沟通的状态，即便出现了工作人员不足的情况，也不可以让客户经理来补位。

第二，如果促成过程中需要补位替换，需要双方交叉替换。精品沙龙营销之所以效果非常好，主要是因为发挥了组织行为的最大化作用。在一场活动中，我们可以借助团队每一位成员的力量来实现促成。但在这个过程中，如果需要团队成员协助我们促成客户，就要进行交叉补位。

简单来说，如果 A 需要 B 协助自己促成客户，而这个时候 B 也有自己的客户需要服务，那么 A 就要优先服务 B 的客户，至少确保在 B 完成客户的促成工作前，B 的客户不能够离开现场，只有这样才能实现团队配合的最大效能。

4. 形成齿轮效应

如果我们可以将每一个岗位的职责梳理清晰，形成不同的功能小组，那么在每一场活动举办前都可以在功能小组中调配相关的工作人员，形成齿轮配合效应。

比如，要举办一场较大型的活动，需要两位主持人、一位主讲嘉宾、十位礼仪、二十位促成高手；或者要举办一场小型的活动，需要一位主持人、一位主讲嘉宾、三位礼仪、五位促成高手，我们都可以随时组织起来。因为功能组已经组建起来，我们只需要在功能组里寻找到合适的人进行二次组合。

这个过程就好比运用不同的齿轮来组合机器一样，只要齿轮都是按照正规的规格设计的，就可以很好地相互配合，那么大机器也会正常运作。

03
科学组建精品沙龙营销功能小组

功能小组科学化管理，岗位职能精细化分解。
组织营销团队式配合，细节流程精准化设置。

● 策划组——精品沙龙营销的总体谋划者

如果说精品沙龙营销是一场不能出错的表演，那么我们就需要有一个剧本，这个剧本是由策划组写的。我们把策划组比作编剧，编剧提供一个好剧本，表演才有机会获得成功，所以策划组的重要性显而易见。

要想策划一个好的剧本，就应该了解客户的需求，所以一般策划组都是由外勤团队队长或者资深的营销经理来担任的。但这并不代表策划组是由一个人或者两个人组成的，如果一个策划组当中既包含对市场了解比较深入的资深营销人员，又具有较强逻辑思维和文字功底的内勤管理者，以及具有创新精神的年轻团队成员，这种组合最好不过了。

策划组的主要工作职能包括完成活动流程的策划、活动工具的设计、活动人员的分工以及话术的通关等工作，全程跟进活动的组织，收集有效素材，做好活动的持续宣传工作，让团队的营销员和客户都能够积极参与进来。

策划组在精品沙龙营销的过程中具体工作安排有哪些呢？

一、筹备期工作职能与流程

策划组的关键作用主要体现在筹备期,因为只有策划组在筹备期有效地完成活动策划,并且做好活动的宣传工作,才能产生活动绩效。任何功能组的工作安排和绩效都产生于策划组筹备期的工作效能。

在筹备期,策划组的第一项工作就是做好客户的分析。一般策划组会优先了解各部门的客户服务情况,以数据为核心进行有效分析,进而有目的地组织营销活动。第二项工作是做好营销活动方案的内部宣导。精品沙龙营销的目标是把产品卖给客户,这个营销策划剧本的第一位客户就是营销员,先让营销员愿意参与进来,才有机会邀约客户参与。所以筹划期最主要的工作就是写剧本、做宣传。

营销策划的内容会在本书第五章详细给大家说明。这里我们侧重讲解如何做好宣传工作,这也是策划组工作效能最核心的一项工作。宣传工作分为内部宣传和外部宣传。我们重点向大家介绍内部宣传的相关内容。

1. 内部宣传

内部宣传的第一种方式是早会的宣讲。

策划组的工作人员要让早会成为内部宣传的窗口,但是早会的经营不能一成不变。沙龙是一个万花筒,可以从不同的角度来包装,激发团队成员的参与欲望。策划组工作人员要思考从宣导的第一天,到活动开展之前的每一天早会的宣传内容。

早会的形式可以多种多样。我们既可以收集之前活动举办的照片进行案例宣导，邀请之前参加活动的营销员分享他和客户的参与感受；也可以邀请一些业绩出色的营销员讲解他如何利用活动进行促成；还可以把早会当成活动现场，把营销员当成要参与活动的客户，进行活动现场模拟。这些形式都可以在早会上运用，核心目标就是让营销员能够参与到活动中，并且激发他们邀约客户参与的欲望。

内部宣传的第二种方式是小组邀约 PK。

电话邀约一般分为三种形式：第一种是陌生客户的邀约，第二种是老客户的回访，第三种是活动的邀约。沙龙活动的电话邀约不适宜传统邀约的形式，不需要安静的环境慢慢打，最好可以组成电话邀约的 PK（对决）小组，大家一起集中时间进行电话邀约。这样的氛围有助于营销员邀约占据主动权，也可以在相互比拼的过程中，提升邀约成功率。

策划组可以利用第二次早会结束的时间，将大家集中在一起，然后分组进行邀约 PK，也可以不间断地播报邀约进度，把工作室打造成一个小型的"证券交易所"。

内部宣传的第三种方式是通关和演练。

让营销员形成记忆最好方式就是不断地强化内部通关和演练的主要目标。一方面可以提升现场促成的成功率，另一方面也可以通过不断的演练，加深营销员对活动的认知。

活动开始之前的内部通关不一定能培养出一位优秀的营销员，但至少每位营销员都可以与客户进行有效的沟通洽谈，把客户留下来。另外，很多营销员平时对产品的理解和理念的讲述都非常薄弱，通过话术的通关，营销员自己也会思考哪些客户通过这个理念能够有效促成。为了达成更好的效果，他们自然就会主动邀约客户参与活动。

内部宣传的第四种方式是职场建设。

人是环境的产物，营销环境的氛围营造会影响营销员对于活动、产品的差异化理解。在日常的公司活动营销氛围中，需要运用职场氛围来传达我们的服务理念和活动的特色。

假定营销员都是一张白纸，我们怎么辅导就会产生怎样的结果。比如，我们每天早会讲养老，那么营销员就只会讲养老；如果我们强调健康保险，那么他们就只会销售健康保险。

所以，内部宣传导向就是业务产出的导向。一般公司推出一款新产品，我们会让营销员先找出这款产品的50个卖点，然后把这50个卖点变成50条宣传标语，贴满公司的各个角落，这种形式叫作"海陆空式的轰炸"。同时，我们将精品沙龙营销活动作为产品进行包装，在公司的各个区域进行宣传，能够把活动更形象地展示给员工，并且能够真正做到覆盖面广、推广力度强，达到全员同频共振的效果。

2. 外部宣传

相对于内部宣传而言，外部宣传相对简单，它是通过电话邀约和微信进行的大幅宣传。外部宣传的目的是通过我们对用户的认知，进行公司、团队、产品的品牌形象塑造，最终达成邀约目标。

大部分公司出现的问题是会前邀约做得非常火爆，会中宣传冷冷清清，会后宣传基本为零，每一场活动都变成了独立且单一的活动，无法形成真正的系统化营销合力。如何避免出现类似情况？这就需要外部宣传为活动"保驾护航"。

外部宣传都包括哪些方式？通常我们会采用电话营销话术、微信朋友圈文案+图片、微信一对一宣传文案、H5宣传彩页、会场活动宣传图等方式进行宣传。

在外部宣传环节当中，策划组工作人员需要为参与活动的员工做好统一的宣传资料，这样才能确保宣传的统一性和时效性。

二、活动期工作职能与流程

在活动期阶段，策划组的职能之一就是完成活动策划案。

一般我们会让营业部经理和内勤老师配合去做活动策划案。因为营业部经理工作在一线，对客户的喜好、行为更加了解，而且比较具有创新精神；内勤老师更注重逻辑，具有较好的会议组织经验，策划案梳理和宣传资料设计能力较强。通过几次的磨合落地，一般我们都会让每个营业部准备好5~10套可操作的文案。一份成熟的策划案即便交给职场新人，他们也可以快速跟进执行。这样复制团队就更加容易了。

然而，市场在变化，环境在变化，客户也在变化，没有人可以确保自己的活动设计百分百成功地实施。策划组要做的就是尽可能降低错误的概率，遇到问题及时解决，并且留下可参考的资料。

具体来说，策划组要到现场进行舞美和摄影的相关工作，根据现场的情况进行布场、氛围节奏的跟进，对需要特殊处理的细节进行拍照存档，并收集现场活动照片以备下一次宣传使用等。

一份完整的活动策划案不能停留在脑中，而是要能够具体执行落地。所以，策划组要根据客户的反馈进行活动流程的微调以及现场环境布局的优化，确保客户体验度，将调整后的细节拍照并留存在策划案里，为下一次活动的留下宝贵经验。这样，一份完善的沙龙活动策划案就完成了。

根据本章所讲解的策划组的工作内容和要求，我们就可以制作出一份策划组工作职能手册（见表3-1）。

表3-1 策划组工作职能手册

小组成员　　　　　　　　　组长：　　　　组员：

工作职责	工作内容
精准的人群分析	
活动流程设计	
产品创新设计	
活动方案设计	
活动流程推演	
内部晨夕会宣传	
外部宣传文案设计	
活动流程修订与答疑	

○● 会务组——精品沙龙营销的流程主导者

精品沙龙营销最关键的岗位是会务组，它是精品沙龙营销的"灵魂"。会务组在整个沙龙营销过程中，从始至终都承担着关键的角色。如果说策划组是编剧，那么会务组就是导演，对整场精品沙龙营销活动起主导作用。会务组从拿到活动策划案开始的布局谋划，到过程的氛围管控，再到结果追踪辅导，事无巨细都要参与管理，是整个精品沙龙营销过程中最忙碌并且最关键的管理岗位，对整个流程起主导作用。

要想掌控全局，就需要会务组工作人员对整个流程了如指掌，并且具有丰富的会场管理经验，能够独立应对各种突发状况，做到处变不惊、有条不紊。这样，就可以避免传统沙龙营销过程中因缺少统一管理者而带来的细节经营难题。

如果要做好会务工作，会务组工作人员不仅要具有丰富的会场经验，更要了解客户心理，所以从业经验丰富的总监和经理做会务工作才是最合适的。

会务组在筹备期、活动期和服务期需要做好哪些事情呢？

一、筹备期工作职能与流程

筹备期是决定活动成功与否的关键时期，会务组工作的管控也要从这个阶段开始介入。在筹备期，会务组的核心工作包括以下几方面。

1. 数据管控

我们经常说"数据是最美丽的语言"，那么在活动开始之前，做好充分的客户数据统计，自然能够帮我们更好地了解客户的情况，并且做好一切准备工作。

会务组在活动前的数据管控主要体现在三个方面。

一是管控营销员的邀约流程数据。

在传统的团队里,主管往往在追踪营销员邀约数据的时候,特别容易得到虚假的数据结果。

例如,主管让营销员邀约10人参会,往往到场的人数会大打折扣。因为主管只追踪了结果指标,并没有做过程指标的管控。会务组工作人员的核心工作就是管控到每一个数据节点——邀约成功率、邀请函递送率、二次回访成功率、会前确认成功率。只有确认好每一个过程指标,才能精准地达成结果指标。

二是管控客户质量。

在传统沙龙营销活动现场,主讲嘉宾讲解的案例和产品示例很难确保与客户需求完全匹配。原因是主讲嘉宾无法掌握客户的真实信息,主讲内容的设计如同无水之源、无本之木,缺乏依据,导致客户的体验感差,活动效果也自然大打折扣。

因此,在精品沙龙营销活动当中,要想实现对客户质量的把控,会务组就要收集真实的客户数据,将客户数据有效地反馈给主讲嘉宾,并且与主讲嘉宾协商内容的重新设定以及产品示例的二次包装。

表3-2是我们日常收集客户数据的调研表(该客户信息调研表在递送邀请函后,由客户经理填写交给会务组进行统筹数据统计),可以作为参考。

表3-2 客户信息调研表

客户信息	S先生	参会人数	2人
资产规模	50万~100万元	参会可能性	80%
采购可能性	70%	采购金额区间	10万~15万元

三是把控客户的产品需求。

每一场活动都要设计客户现场购买产品的互动奖励方案。这个方案的设计能够直接影响现场成交率，设计的过低或者过高都不利于客户的采购，只有提前把控客户的采购需求，才能精准地设计促成活动。

一般会务组会根据客户的平均采购能力来设计产品采购的入门门槛，再根据最高的采购可能性设计一等奖，并进行最后的调整。可见数据的收集和整理对于会务组的工作效能起着至关重要的作用。

2. 物料筹备

作为精品沙龙营销的主导者和导演，会务组要根据"剧本"——活动策划案的要求选择会场，进行合理的会场布局，采购餐饮、礼品等，还要根据"剧本"的要求设计活动现场所需的各种营销展示工具以及产品促成工具等。

会务组需要快速统筹这些信息，根据物资的紧迫性以及使用场景来决定哪些是需要采购并且长期使用，哪些只需要租赁即可，哪些属于消耗品可以一次采购多次使用，并具体分配给哪个部门执行负责。

物料的统筹看起来是一件非常简单的事情，但实际上要做好合理地物料统筹，需要有一个清晰的物料管理表（见表3-3），同时也要在活动过程中做好物料管理。

表 3-3 物料管理表

分组	序号	名称	用途	数量	备注	领用情况	
						领用	归还
设备组							
氛围组							
礼品组							

管理物料从某种程度上来说就是管理流程和事件，因为一切流程和事件的发生都依托于物品。一名优秀的会务管理者一定也是非常优秀的物料管理员。物料管理一定要坚持物料领用责任制和物尽所能、物尽所用的原则。

物料领用责任制。

对于任何一名会务管理者，都需要做到事无巨细。然而，面对一些价格不高或者容易被忽略的物料，管理者自然也会对其忽视，这就造成了一定程度上的浪费，也可能会让整个活动漏洞百出，影响公司的整体利益。

举例来说，活动现场经常会出现一些电子设备遗失的问题，其原因是没有执行有效的管理手段。如果每一种可以反复利用的用品和工具都按照"谁领用谁归还"的方式进行领用，出现丢失由领用者自行赔偿，那么这种问题就会被避免。随着工作人员对这些问题的关注，他们自然也会更关注流程和公司的整体利益。

物尽所能。

在活动现场，我们都会准备很多礼品，而营销员最容易在向客户赠送礼品这个环节上犯错误。他们把礼品大量无偿地送给客户，但往往结果并不尽如人意。东西送了却没有达到预期的效果，就是没有做到物尽其用。营销员一定要确保每一个礼物送得都有意义和价值，这样才是真正的物尽所能。

物尽所用。

我们在活动中会遇到不同购买力以及对公司认知程度不尽相同的客户，甚至只是为了礼品才到现场的客户。作为公司的一员，我们要对客户有基本的判断，这样就可以把礼品送给对的人，这就是物尽所用。

3. 流程管控

会务组的流程管控一般在会前就已经开始了，筹备期的"预演未来"可以确保每个细节的完善，更是现场成功的关键。会务组就要在会前进行统筹管控，统一约好时间，为工作人员进行流程的梳理。由于有了统一的管控者，团队成员很容易被聚集和管理，会务管理者也可以通过与大家分别交流，了解到每个岗位的工作进度。

会务组的流程管控还体现在会议现场。比如活动什么时候开始举办，到了某个环节需要哪些岗位的人做好提前的准备，等等。这就像带兵打仗一样，并不是每个士兵都可以独自决断，而是由一个将军来统筹全局，确保每个岗位都能发挥最大化优势。同样，一个没有会务管理者的会议注定是混乱的。

有一次我参加一场沙龙，主办方要求客户18：00到。按常理，我们都会有或多或少的延迟，但不会超过半个小时。到了18：10的时候，主持人问一位领导活动什么时候开始。领导说："5分钟后，你通知大家,还有5分钟活动就开始。"

结果到了18:30的时候,活动还没开始。我问主持人为什么没有开始。他说,他除了问了和我聊天的领导、另外一个部门的领导,还问了本次活动的主讲嘉宾,结果得到的都是不一样的答案,最后他还是听自己直属领导的。

从这个细节大家都能够感受到,一场活动没有一个会务管理者是多么可怕。

一场沙龙从客户进场到最后埋单,其实是一个加分的过程。客户进入会场的时候,如果沙龙是0分,那么到埋单就是100分。客户通过沙龙在过程中的体验感来加减分,优秀的会务管理者会在这个过程中不断感受客户的情绪和状态,并根据活动策划案的要求进行流程和节奏的调整,比如哪个地方需要把音乐放缓,哪个地方需要把节奏拉快,等等。

会务组工作人员可以通过会议流程管控表(见表3-4)来进行流程的管理和优化。

表3-4 会务组工作人员会议流程管控表

预计流程	工作标准	实操问题	负责人	优化建议
物料采购				
会场布局				
到场情况				
破冰活动				
主讲效果				

（续表）

预计流程	工作标准	实操问题	负责人	优化建议
岗位服务能力				
现场促成情况				
关键岗位工作				
数据分析				
邀约率		到场率		
好评率		促成率		
综合评定及建议				

4. 人员管控

会务组进行的人员管控主要就是管控各岗位的工作进度，并且根据各岗位的工作情况及时给予辅导和支持，以确保活动能够高效完成。会务组有权选择合适的岗位工作人员参与到活动中，也需要随时监督岗位的工作进度。所以，会务组的工作人员必须了解每个岗位的具体工作，掌握工作手册里的每个细节，这样才能够在同事需要帮助的时候及时施以援手。

二、活动期工作职能与流程

全体工作人员所做的一切准备，都需要精品沙龙营销的活动期展示给客户。会务组在活动期的主要工作职能就是做好现场人员的协调管控以及突发事件的应急处理，确保客户在现场的体验度良好。

1. 活动现场的人员调控

活动现场的人员调控不仅表现在对内部人员的有效管理方面，也表现在对客户的管理上。客户来到活动现场，自然就成了活动的一部分。如果客户的配合度不够高，也会影响活动的整体效果。大家可能都遇到过沙龙活动现场跟"流水席"一样——客户来了一批，又走了一批。这样的效果不仅会让工作人员失去信心，同时也会让其他客户受到影响。

优秀的会务管理者可以通过一些小的技巧管控，让活动现场的各位参与者可以被调控起来。

技巧一：关门。

活动开始后，如果会场的门是打开的，就会给会场内的人制造逃离的欲望——外面总会有人走来走去，屋子内的人就会对未知的环境充满好奇，希望走出去看看。而关门就是制造一个封闭空间，让外部干扰不至于影响到房间内的客户。

技巧二：强服务。

很多客户在活动现场经常会借着去洗手间的机会离开，但事实上大部分客户并不是要处理非常紧急的工作，他们只是觉得活动开始阶段的内容对他们的吸引度不够而已。如果这时候礼仪人员站在客户出门的必经之路上，那些不是一定要离开的客户就会因为出门还要跟工作人员打招呼而觉得麻烦，就勉为其难地坐下听后面的内容，也许后半部分的某一个案例或者内容就吸引并触动他了。

当然，如果客户真的一定要去洗手间或者要办其他事情，礼仪人员也会跟进服务，确保让客户感受到贵宾般的服务。即便客户最终还是坚持要提前离开会场,礼仪人员就可以跟他讲:"先生/女士,您好,活动结束后会送给每位客户一份精美礼品,您现在离开,我们的确没办法提前去会务组领取。我也理解您的确是遇到了急事,我把您的信息记录下来,待会儿会议结束了,我让邀请您来的客户经理帮您代领,再给您送过去。"这样的人员调控就将一切不必要的客户流失降到最低。

2. 应急处理

活动现场的突发情况会有很多,而且有些突发情况是不可避免的,这就需要有一位经验丰富的会务管理者进行现场管理。在突发情况发生后,做到及时处理,将影响降低到最低。

突发情况有很多种,大部分的突发情况都是小事情,比如,主讲嘉宾的电脑突然断电了。这种情况对于经常举办沙龙的人来讲可以说是家常便饭,只需要安排音控人员及时处理一下即可;有经验的主讲嘉宾也不会受到断电的影响,可以继续分享。这种小的突发状况就不会影响整体会议的效果。

然而,没有经验的会务组工作人员遇到这种情况,就会出现讲台上突然冲上来几个人,围着电脑解决问题的场面。这样现场客户的注意力就会转移到这几个人身上,之前营造的良好氛围就被破坏了,主讲嘉宾还要努力地将客户的注意力拉回到刚刚的内容上来。这无疑会影响会场效果。

当然,活动现场偶尔也会出现一些比较棘手的问题,这里我就不一一列举了。会务组工作人员只需要记住,在保证客户体验良好的情况下确保活动顺利进行,及时发现并处理问题,不影响会议进度即可。

三、服务期工作职能与流程

会务组是唯一一个需要从筹备期跟进到服务期的部门。一场活动举办得是否成功,最直接的评定标准就是目标完成了多少。然而业务的促成往往不仅在现场,更多是在后期追踪服务过程中实现的,所以会务组在服务期的核心工作就是协助追踪。

会务组的追踪要根据统计数据进行一对一追踪,既要追踪到场有签约意向的客户,也要对到场但意向不明显的客户进行追踪,对没有到场的客户也要进行全方位追踪。这就需要会务组从筹备期开始对客户的情况就要有数据统计。一般会后追踪时长为1周。

追踪的内容如表3-5所示。

表3-5 客户服务追踪表

客户姓名	邀约情况	到场情况	采购意向	关注信息	追踪情况	转介绍

此表每个会务组工作人员1张,从客户名单盘点时就要进行跟进。

假定盘点20位目标客户,邀约同意到场10位,实际到场5位,现场意向签单2位。我们都要把客户的具体情况填写到表格里,意向签单的客户的意向金额以及对哪些关键信息感兴趣也是需要记录的。比如有些客户对礼品感兴趣,有些客户对产品理念感兴趣,有些客户只是对产品利益感兴趣等。每场活动结束后,会务组工作人员都要针对现场客户情况给予反馈，对客户进行追踪判断，再由客户经理分别跟进，最终无论是否到场或者是否有购买意向的客户，都需要追踪转介绍。只有这样，才算是活动完美结束。

综上所述，会务组要统筹协调沙龙活动的正常流程，会务组工作人员需要对事情具有决断力，并且能够以目标为核心进行团队的统筹管理，一般建议具有较丰富管理经验的人来担任。即便要培养人才，也需要以老带新的方式在现场进行指导。

根据本章所讲解的会务组工作内容和要求，大家可以完成会务组工作职能手册（见表3-6）。

表3-6　会务组工作职能手册

小组成员　　　　　　　　　　组长：　　　　组员：

工作职责	工作内容
物料采购	
会场布置	
预演未来	
数据统计	
流程管理	
会后追踪	
应急处理	

○● 灯光组、摄影组——精品沙龙营销的氛围营造者、记录者

大家平时对灯光师和摄影师并不重视，主要原因是我们对他们的工作并不了解。在本节里，我们就带领大家充分了解灯光师和摄影师的工作，并且解读他们的专业度体现的要点。

一、灯光师专业要求及职能手册

灯光师是通过光线和光源与客户沟通的艺术家。然而实际上，大部分的沙龙活动都不会有一个专门的灯光师岗位，因为灯光师的工作并不直接体现在与客户的接触中。就像我们去拍艺术照，会经常接触到化妆师和摄影师，摄影师旁边的灯光师却经常被我们忽略。然而如果没有灯光师，我们艺术照的效果可能会不太理想。

既然灯光师如此重要，那么在一场活动中灯光师主要负责哪些内容呢？简单来说，就是设计灯光的点、线和面。

1. 灯光的点——光源效应

人的眼睛是追光的，哪里亮就会去看哪里。我们在举办精品沙龙营销活动的现场可以通过这些小光源的设计吸引客户的注意力，把一些我们需要客户提前了解或者需要强化的理念信息传递给客户。

我在北京有一个房间专门用来做精品沙龙营销活动。房间一侧的墙面上镶嵌了一排亚克力板，并且在上方专门投放了一个射灯，照亮这个区域。举办沙龙活动的时候，我们会将亚克力板里的宣传

内容调整为合适的公司介绍、理念介绍、产品介绍、主讲嘉宾介绍、活动流程介绍等，客户在休息的时候自然会被光源吸引，就可以更好地了解活动内容。

另外，光源还可以用在一些特别的环节。比如，活动到了送礼品环节，伴随着主持人宣布揭幕礼品的话语，可以用一束强光照射在礼品上，客户的视线就都被吸引过去了。光源的聚焦效应有很多种使用方法，要根据现场的活动情况以及流程设计不断地优化。

总之，好的灯光设计会吸引客户的眼球，避免客户到活动现场还紧盯着手机不放，浪费了工作人员与客户之间良好的沟通的机会。

2. 灯光的线——流程配合

我们在电影院都经历过这样的场景：电影开始之前整个放映厅都是明亮的，但是电影即将开始的时候，放映厅内的灯光会逐渐暗下去。这个过程就是在提示我们，要把注意力放在屏幕了，要把手机关闭或静音了。

为什么这个时候即便没人提醒，我们也会自觉地按照规范去做呢？事实上就是灯光与流程配合的作用。灯光可以根据活动的流程进行配合，以达到调整现场客户节奏的目标。沙龙有会前、活动破冰、主讲、沟通等几个环节，这就需要不同的光线来调整氛围和节奏。所以，一名好的灯光师会根据现场的情况来调节灯光，时刻控制现场的节奏。

3. 灯光的面——氛围营造

会场整体灯光的选择也非常重要。

一方面是灯光的色度属于暖色系还是冷色系。我们都知道偏冷色系的灯光会让客户冷静，不容易破冰，对理念的吸收也会相对慢；暖色系的灯光会营造出温暖的氛围，在这种氛围之下，客户就会主动倾听我们所传达的理念。

另一方面是灯光明暗度的调整。过于明亮的灯光会让人感觉压抑，过于昏暗的灯光会让人昏昏欲睡，所以在选择会场灯光的时候，灯光师要给予合理的建议，因为合适的灯光是氛围营造的关键。

大家可以根据灯光师的点、线、面要求，完成灯光组的工作职能手册（见表3-7）。

表 3-7　灯光组工作职能手册

小组成员　　　　　　　　组长：　　　　组员：

工作职责	工作内容
光源设计	
会场灯光选择	
流程光源设计	

二、摄影师专业要求及职能手册

摄影师在日常的沙龙营销活动中经常能够见到，但是大部分沙龙的摄影师都非常明显地存在客串嫌疑。如果说沙龙的工作人员每个人都是一个演员，那么摄影师也应该"演"好这个角色。

首先，摄影师的服装应该符合其工作特征，不能像客户经理一样穿西装在现场拍照。其次,摄影师应该用照相机拍照而不是用手机,手机拍摄的照片效果欠佳。如果摄影师在活动现场使用的是照相机,客户就会觉得很专业,也不会引起不安的情绪。最后,摄影师的专业度也可以用点、线、面来总结。摄影效果的好坏也会直接影响活动效果和促成邀约的结果。

1. 摄影的点——精彩捕捉

每名摄影师都有一双善于发现美的眼睛,这一点都不为过。在活动现场,摄影师的工作不仅是要留下可供宣传和参考的活动摄影底片,更重要的就是为客户留下精彩的瞬间。活动现场不会有客户来让摄影师摆拍,这就需要摄影师不断地调整角度,在活动中进行抓拍。

有一名摄影师问我:"为什么你的朋友圈里的活动照片都非常好看?为什么我们的客户不配合照好看的照片?"实际上,这些照片并不是客户配合的结果,而是摄影师在一场活动中拍摄的几百张照片里面精挑细选的结果。

当然,摄影师也可以跟客户一起制造精彩的瞬间。比如,在活动开始前,客户与客户经理交谈的时候,摄影师可以让两个人靠近一些。这时候,两个人的肢体发生接触,他们的关系就会发生微妙的变化,摄影师在此时进行抓拍,可以捕捉到客户与客户经理愉快交谈的瞬间。摄影师在拍照的时候要注意光线、色彩和拍摄对象的状态等。事实上,真正好看的照片都是抓拍出来的。

2. 摄影的线——故事情节

由于微信朋友圈一次最多只能发 9 张照片,因此,就要求摄影师在为一场活动所拍摄的百余张照片中挑选出9张最优秀的照片，用于朋友圈宣传。所以照片的选择就非常关键。

我们要通过9张照片向客户展示本次活动的生动性和趣味性，能够吸引客户参加下一场活动。建议9张照片的内容分别是开场破冰活动、主讲嘉宾专题讲座、现场客户经理与客户互动、客户认真听讲座、礼品展示、产品介绍专属PPT、客户领奖、活动现场主题场景、整场活动带条幅的画面。

3. 摄影的面——现场记录

在9张照片的选择中，有一张必须是关于现场活动带条幅的整体画面，能够把全场人员都拍摄进去，这就需要摄影师做好抓拍。要避免这样的照片：虽然有条幅，但是现场客户都低头看手机，或者客户心不在焉——这样的照片会让其他人在看朋友圈的时候感觉活动比较乏味。

如何避免这种照片的出现？我们可以让主持人和摄影师做好预演，设定某个场景与客户进行互动，这时候客户的状态是最好的，摄影师可以提前做好准备进行拍摄。

摄影师是整场活动的记录者，也是活动效果的传递者。摄影师留下的照片一方面可以用于客户经理的朋友圈宣传，另一方面可以用做下次活动的内部宣传，所以摄影师在拍摄时要注意画面所要传达的关键信息。

举例来说，如果活动现场签到的人员较多，可以用广角镜头拍摄人山人海的签到场面；相反，如果签到的客户并不多，可以用人像模式拍摄签到客户的认真程度。这些照片都可以反映活动现场的情况，同时也可以让客户看到很好的场景。

大家可以根据摄影师的点、线、面要求，填写摄影组的工作职能手册（见表3-8）。

表 3-8 摄影组工作职能手册

小组成员　　　　　　组长：　　　　　　组员：

工作职责	工作内容
精彩照片捕捉	
关键场面设计	
照片修图与美化	

○● 音控组、财务组——精品沙龙营销的物资保障者

音控组和财务组的工作人员看似在后台默默无闻，实际上却是正常活动的物资保障者。在整场活动中，需要准备和管理物资最多的就是这两个岗位的工作人员。从表面上看，音控组和财务组的工作人员只需要在活动现场直接参与并协助工作即可，但实际上这两个岗位最关键的工作却是在活动开始之前就要做好充足的准备。

一、音控组的工作职责和流程

就像我们观看一场电影或者舞台剧一样，如果让我们忽略这场

电影的配音，或者舞台剧变成了一点儿声音都没有的哑剧，很多信息就无法有效传达给客户了。音乐是现场活动氛围营造的关键因素，活动开始之前、游戏环节、关键人物登台、会后促成等环节，都需要运用不同的音乐和影像来向客户传递关键信息，所以音控组的工作人员是非常重要的。他们需要掌握基本的音乐常识，并且认真负责，好的音控师绝对不会在现场循环播放一首音乐。

那么音控师的工作职责主要有哪些呢？音控师要负责调试设备、准备音乐包、视频包和PPT。这里说的PPT的准备不是由音控师进行PPT的设计和整理，而是要负责调试和演示，确保PPT能够在活动现场的电脑中播放。

1. 现场设备的管理

所有的电子产品都由音控人员统一管理、统一发放、统一回收，要准备两台电脑（以备意外发生，进行替换）、投影仪、遥控笔、麦克风等设备。音控师不仅要准备这些设备，还要进行设备的调试。活动的举办场地往往没有专业的音控师，可能导致音控台放在房间里却没有工作人员会使用的情况出现。音控师可以在工作之余认真学习和了解部分调音台的使用，这样也可以避免临场出问题的尴尬。

2. 资料包的整理

由于设备都是由音控师进行管理和调试的，所以他们还要负责收集活动主讲PPT和视频文件，音控师不能只负责收集相关资料就结束。音控师负责最后的资料收集主要目的是将PPT和视频音频文件在设备上进行调试，避免出现不同格式文件的不兼容，保证有些插入文件和特殊格式的文件能够打开，最大限度地降低现场意外发生的概率。

同时，音控师还需要准备视频包，主要包括最新的公司介绍视频、产品介绍视频以及公众公益宣传视频等。如果活动有特殊要求，还要根据策划组的设计找到相关的视频文件，要在活动开始之前用活动电脑播放。

音乐包的准备也是必不可少的。不同的活动现场的音乐是要变化的，要根据活动的主题、场合、参与的客户人群等综合因素进行选择，所以音控师应该准备至少五个以上的不同活动的主题音乐包。每个音乐包里都要准备好暖场音乐、主持人/主讲嘉宾登场音乐、活动氛围音乐、沟通环节音乐等。有些音乐已经被大众熟悉并具有标识特征，就要谨慎使用。举例来说，如果要放《难忘今宵》这首歌，最好是在活动结束时播放。

3. 现场氛围的管理

音控师可以通过音乐的播放来控制现场的氛围，如果现场客户比较少，且活动现场氛围相对冷清，那么音控师可以将音乐声音适当调大，客户聊天的声音会随着音乐背景音的调高而增大，这时候现场气氛就会暖起来。音控师也可以根据情况将背景音乐调低。比如，在主持人和主讲嘉宾登台演讲的时候，引导音乐要逐渐变低，但是不要突然断掉。这都需要音控师根据现场的情况进行调整。

接下来，音控组可以根据音控师的工作职责，完善音控组的工作职能手册（见表3-9）。

表 3-9　音控组工作职能手册

小组成员　　　　　　　组长：　　　组员：

工作职责	工作内容
设备准备与调试	
资料包整理与管理	
现场活动配合要求	

二、财务组的工作职责和流程

财务组是一个比较特殊的部门，并不是所有活动都需要财务组的工作人员，因为现在大部分地区的活动并不需要客户现场刷卡进行产品采购。那么财务组是不是就不需要设定呢？实际上在沙龙活动现场，财务工作人员不仅要协助营销员完成现场刷卡采购工作，还要为营销员准备一切关于签单必备的资料。这就是说这两个岗位的工作就等同于战备后方的原因。

1. 工作备品准备

财务组一般需要准备的备品如下：POS 机、小票纸、电脑、打印机、墨盒、打印纸、产品说明书、产品计划书、产品采购单据等。

相信很多人看到这里都会有所质疑，现在都是电子化时代了，给客户看的产品计划书可以随时通过手机观看，为什么还要带这么多物资？这不是劳民伤财吗？但实战经验告诉我们，在活动现场什么意外情况都可能会发生，比如手机没电了、现场网络不佳等，所以财务组工作人员一般都会带着这些资料，有备无患。其他工作人员也都知道，如果需要和现场签单相关的物资，可以随时找财务组工作人员领取，大家工作起来也更安心。

2. 活动现场的配合

财务组工作人员在现场不能板着"财务脸"，这样的状态会让客户感觉很差。都说财务组工作人员是"财神爷"，所以他们要传递给客户一种感受，即通过正确的财富管理产品采购，客户在未来真的可以财源滚滚。

财务组工作人员在现场虽然不直接与客户接触，但在他们能接触到客户的时候，一定是客户购买了产品。这时财务组工作人员要注意自己的服务专业度，例如双手递送单据，并告知客户已经认购成功，以及认购金额的确定等。同时也要注意自己的态度，要恭喜客户做出正确地财富规划，祝贺客户认购成功等。

财务组工作人员可以根据其工作职能，对其职能手册（见表3-10）进行完善。

表 3-10 财务组工作职能手册

小组成员　　　　　　组长：　　　　组员：

工作职责	工作内容
物料的准备与管理	
现场活动配合要求	

○● 礼仪组——精品沙龙营销的细节体现者

在整场活动中,除了客户经理以外,与客户接触最多并需要全程配合最多的岗位就是礼仪组。礼仪人员是向客户传递信息的最重要窗口,礼仪人员的仪容仪表、服务能力以及现场应对与解答能力都是衡量一家公司活动组织能力的重要参考因素。所以礼仪人员一定要在筹备期做好充分的专业演练,预演未来,与每一个岗位做好配合;在活动期能够扮演好礼仪服务的五个角色:迎宾礼仪、引导礼仪、活动礼仪、礼品礼仪、服务礼仪。

一、礼仪人员的培训与专业演练

礼仪人员的专业培训与演练主要包括两个方面:着装统一和专业服务能力。这两个方面的培训与演练的最终目标就是标准统一。

1. 着装统一

礼仪人员培训的第一项是保证负责现场服务的礼仪人员着装统一。礼仪人员并不一定要每次都穿旗袍才是漂亮的,统一就是美。但是礼仪人员的服装要尽可能与客户经理区分开,而且要符合活动现场的规格和标准:如果是较大的活动现场,礼仪人员可以穿着相对隆重,可以统一租用服装并佩戴绶带等;如果是小型沙龙,建议其也不需要穿得过分隆重,只需要穿统一的西装套装。如果要区别于客户经理,可以戴一些特殊的标识贴,例如笑脸贴等,也可以让礼仪统一佩戴相同的胸花。

一场活动无论有多少名礼仪人员,只要他们的着装统一,且区别于客户经理,就会给客户留下好的印象,会让客户觉得参加了一场非常正式的活动,也能够让客户非常明确,遇到现场服务的问题向谁寻求帮助。

2. 专业服务能力

礼仪人员培训的第二项是专业服务能力的培训。这里主要涉及指引手势及其他相关姿势、餐桌礼仪、问题解答话术等。

首先,礼仪人员不可以使用"手指枪"做指引手势,也不可以在现场出现不礼貌的行为,指引方向、常规站姿和坐姿都要统一培训。

其次,重视餐桌礼仪的培训。比如,红酒应该倒多少合适、给客户递水的手势、给客户拿餐具的手势等。这些细节看起来非常烦琐,但恰恰正是这些细节暴露了一家公司的工作人员的专业水准,礼仪人员的服务能力直接体现了这家公司的整体服务能力。

最后,还要给礼仪人员培训专业且统一的问题解答话术。礼仪人员在现场被客户问到的话题相对一致,但是如果没有进行专业的话术培训,客户问到不同的礼仪人员,得到的答案也不同,就会减低客户对公司的信任度。

现场礼仪人员经常被问到的话题就是:"活动什么时候结束?"如果礼仪人员回答"不知道",就等于告诉客户活动结束遥遥无期,这样就会强化客户想要离开的心理;如果礼仪人员告诉客户20分钟就结束了,但是如果到了20分钟,活动还没结束,客户依然会对礼仪人员产生不信任,进而也会降低对公司的信任度。

针对这个问题的标准解答是:"您好,先生/女士,我们的活动原计划晚上6点开始,8点结束,但是有一部分嘉宾迟到,所以我们推迟了半个小时开始。请问还有什么需要帮助您的吗?"这个解答并没有告诉客户一个标准时间,却让客户有了明确的心理预期,现场80%以上的客户在得到这个答案后都会说:"没事儿,我只是问问。"

我们要总结在活动现场经常被客户问到的问题,以及礼仪人员的服务场景,做好统一的标准话术的设计,让礼仪人员在筹备期做好培训。这种专业且统一的话术会让活动现场更加有条不紊,客户的体验感也会大幅提升。

二、五大礼仪岗位职能

在活动期,礼仪工作并不是一个岗位就能够完成的。我们将礼仪岗位的工作拆分成五个不同的工作职能,也就是五个不同的礼仪岗位,每个岗位都有标准的工作目标以及工作流程。当然,这并不代表我们要组织五个团队或者每场活动都至少要五名礼仪人员才能完成。我们要根据活动现场的情况来设定礼仪工作人员的人数,确保五个礼仪岗位的职能都能被履行。

1. 迎宾礼仪岗位职能

迎宾礼仪是第一个接触客户的礼仪工作人员,是公司形象的展示窗口。迎宾礼仪主要的工作职能就是配合客户完成签到工作,并根据客户的情况进行初次接触识别。迎宾礼仪在工作时要一直保持站姿,引导客户在签到簿和签到墙签到,并且将活动资料双手递送给客户。在引导客户签到的过程中,迎宾礼仪要通过客户的穿着、随身物品等,对客户的基本情况做出判断,并做好分流工作。

2. 引导礼仪岗位职能

引导礼仪是在活动现场的门口接待客户,并引导客户到座位的服务人员。在这个服务过程中,引导礼仪要做到彬彬有礼、标准引领,有效收集客户信息,做客户情况的进一步判别。比如引导礼仪会在引领客户到座位的过程中与客户简单攀谈,通过给客户提供停车券的服务了解客户是否开车来、从哪里开车来等信息。引导礼仪可以将客户的基本信息进行收集,并告知客户经理,有助于进一步服务跟踪。引导礼仪并不是把客户带到指定座位就结束了,他们需要为客户合理安排客户经理,并为客户和客户经理进行介绍,做好破冰工作。

3. 活动礼仪岗位职能

活动礼仪主要现场协助主持人调动会场氛围,如果现场的活动是抽奖活动,活动礼仪会拿着抽奖箱到前台配合主持人。此时,活动礼仪不要像木头似的站在那里,要拿着抽奖箱在客户面前晃一晃,吸引客户的兴趣。

如果现场活动需要客户参与,当主持人说"我们需要四位嘉宾上台玩一个游戏"时,活动礼仪就要主动走到一些客户面前,引领客户到舞台上参与活动,避免冷场。所以任何活动的成功都不是一个人的成就,而是所有人配合的结果。活动礼仪一定要热情,善于互动。

4. 礼品展示礼仪岗位职能

一般礼品的展示主要分为两种形式：一种是台下的礼品展示，一种是台上的礼品展示。负责台下礼品展示的礼仪人员要确保每一位客户都能看见礼品。在主持人进行礼品介绍的时候，礼品展示礼仪要放慢脚步在客户中间穿梭，遇到有兴趣的客户，要将礼品摆放在客户面前进行展示，让客户对礼品充分了解。

台上的礼品展示对礼仪人员的要求就更高了。台上礼品展示礼仪的工作不只是将礼品给客户看那么简单，而是要结合主持人的介绍，通过礼品展示礼仪的展示，让客户产生获得礼品的欲望。

比如我们要展示一个拉杆箱，最好的展示就是礼仪人员拖着拉杆箱，在台上走一圈，这跟模特走T型台并无区别。一名好的礼品展示礼仪，是能够让客户对礼品产生极大兴趣的。

5. 服务礼仪岗位职能

服务礼仪，顾名思义就是在现场提供各项服务的礼仪人员。在我们考察的大部分活动现场，都没有配备服务礼仪，这是大错特错的。

服务礼仪的设定，是为了避免工作人员的涣散状态，更重要的就是降低现场的不确定因素，给客户提供良好的服务环境。例如，在大多数的活动现场，主讲嘉宾开始登台演讲，工作人员的状态就开始涣散了，甚至有些礼仪和工作人员走到场地外开始闲谈、玩游戏等。这时候如果客户出来看见我们的工作人员都是这个状态，请问他们会有何感想？

服务礼仪的主要工作是为客户和客户经理提供良好的洽谈环境，

在活动现场为客户准备酒水餐饮等，同时在客户经理需要物料时协助取资料。这样就避免了由于客户经理与客户暂时分开而降低促成成功率的问题。

在主讲嘉宾开始讲座的时候，所有礼仪人员都要转化角色，变成服务礼仪，每名服务礼仪服务两个距离自己较近的餐桌，要根据客户需要为客户拿酒水和食物，做好现场环境的维护以及现场突发事件的协助处理工作等。

我们结合礼仪人员的五个职能，完善礼仪组的工作职能手册（见表3-11）。

表3-11 礼仪组工作职能手册

小组成员　　　　　　组长：　　　　组员：

工作职责	工作内容
客户接待	
引导入座	
活动配合	
现场服务	
礼品展示	

○● 主持人组——精品沙龙营销的节奏把控者

在精品沙龙营销活动中,主持人是一个非常重要的角色。整场沙龙营销活动的氛围以及节奏都是由主持人来把控的,他们不仅要能够很好地掌控现场客户的氛围和情绪,还要能够与主讲嘉宾进行有效配合,最终达成整场活动的目标。主持人的主要工作集中在筹备期和活动期两个关键时期。

一、主持人筹备期工作职能与流程

主持人在整场活动当中扮演着主演的角色,读懂活动策划案并参与会前研讨一定是主持人最重要的一项工作。

1. 明确活动阶段

主持人在筹备期的第一项重要工作是明确活动阶段。主持人必须明确了解活动中分为几个不同的阶段,在每一个阶段需要营造何种氛围和培养怎样的客户情绪。主持人要根据自己的经验来进行团队整合,并且了解在不同的活动阶段,需要有哪些工作人员与之配合。

举例来说,如果当客户进入活动现场时情绪为 0 分,购买产品时情绪为 100 分,那么在不同的阶段就应该有分值的增长区间。主持人要能够充分地调动并掌握现场的氛围,以达到活动预期的分数线。

2. 预演未来

主持人在筹备期的第二项重要工作就是预演未来。主持人要到现场观察活动环境，参与设备调试。这就涉及预演未来的两个好处：一是确保在活动期间没有障碍物阻挡视线，能够照顾到每一位客户。二是可以让全会务组的工作人员进行一次完整性的彩排，确保每一名工作人员都了解自己的岗位职能以及需要跟主持人配合的重要时间节点，避免活动现场出错。

二、主持人活动期工作职能与流程

主持人在活动期是现场流程的管控者，也是现场氛围的管控者。一位优秀的主持人可以最大限度地实现活动策划的目标，就像一位优秀的演员，可以将剧本演得活灵活现。要成为一个优秀的主持人，就要做好三方面的掌控。

1. 流程掌控

一场活动的流程就像是音乐的节奏一样，它可以是舒缓的，也可以是欢快的。主持人要根据活动策划所要呈现的具体目标，来进行现场活动流程的掌控。

举例来说，有些活动是需要理财规划师与客户进行深度沟通的，所以在活动流程中 40% 以上的时间需要进行一对一沟通；有些活动的目标是为客户进行理念导入的，所以现场 60% 以上的时间是主讲嘉宾的分享时间。主持人需要根据不同的目标以及现场情况进行流程的优化和掌控。一场活动什么时间开始，什么时间进入破冰阶段，什么时间开始讲座，都需要主持人根据现场客户的整体氛围和情况进行微调。一个经验丰富的主持人，可以通过对流程的掌控，实现每一个板块的体验目标。

有一次大型沙龙营销活动，我们邀请了一位经济学教授。由于教授讲解的内容过于理论化，且知识含量太高，导致现场客户昏昏欲睡。这就说明主讲讲座阶段的目标没有达成。

为了实现阶段目标，主持人在教授结束讲解之后，进行了恰当的流程掌控处理："我看大家刚才听教授的讲座都非常认真仔细，相信每一位贵宾都是非常善于学习和聆听的人。作为教授的粉丝，我有幸跟大家一起听完这场讲座，并认真地记录了一些对我非常有帮助的信息，非常希望跟大家分享……"

这位主持人通过分享的方式，简短地把主讲讲座阶段所要传达的信息向客户传递出来，这样就达成了我们在主讲讲座阶段的流程目标。

2. 氛围掌控

活动氛围的好坏决定了一场活动的成功率的高低，而主持人是活动氛围的营造者。作为一名优秀的主持人，要能够根据沙龙策划的目标，通过破冰游戏、现场体验活动等一系列跟主题相关联的活动将活动现场的氛围有效地带动起来。

主持人不是播报员，不能只简单地做活动串联的工作。如果在主讲嘉宾上台演讲之前，主持人的暖场工作没有做好，那么主讲嘉宾就会非常尴尬，还需要用自己的时间和精力来调动现场氛围，整体效果就会大打折扣。同样，在沟通环节中，如果主持人不能有效地调动氛围，营造签单的紧迫感，也无法协助理财规划师与客户更好地成交。所以主持人应该在现场结合客户的状态进行氛围营造。

举例来说，如果客户在开始表现得比较冷漠，参与感比较低，主持人就可以热情地邀请大家参与活动；如果主讲嘉宾也是一名氛围营造的高手，并且在活动现场能够调动客户的参与热情，那么在沟通环节开始前，主持人可以适当地将客户调整到较为稳定的状态。主持人不能自主选择主讲嘉宾，并且每一位主讲嘉宾的风格也不一样，所以主持人要去适应主讲嘉宾，要根据不同的主讲嘉宾进行自我状态调整，最终保持整场活动的氛围，努力达成目标。

3. 声音掌控

主持人的声音就像导游一样，能够将我们引领到不同的氛围和不同的模块里。要想真正实现流程掌控以及氛围掌控，主持人要学会如何运用自己的声音和音调，这是非常关键的——抑扬顿挫的声音和变化的语速可以给客户不一样的感受。

那么如何做好声音的掌控呢？学习专业的播音与主持当然是最根本的解决办法，但是对于一般的精品沙龙主持人而言，要掌握好麦克风的使用方法、声线的把控以及音调的使用处理。

麦克风的使用是有讲究的，切忌"喊麦"。不经常使用麦克风的人，在使用的过程中，会将麦克风抵在嘴边并发出较大的声音。这种声音会比较刺耳，让听众感觉不舒服。正确的麦克风使用方法是将麦克风放在距离嘴巴20厘米以下的位置。如果这种情况的收音效果不是很好，可以适当调整麦克风的距离，但是一定要保持麦克风与嘴巴之间有一定的距离，这样的收音效果和播放效果相对较好。如果我们要在一个新的场合和环境里开展活动，就需要提前去调试麦克风的发音效果，避免现场出现各种因设备导致的难题。

掌握了麦克风的使用方法之后，主持人就可以对自己的声音质量和语言语调进行改善了。作为主持人，如果长时间用嗓子发声讲话，就会导致声音沙哑。所以，主持人合理地保护自己的嗓子，并且学习腹腔发声是有必要的。此外，经常用嗓子发声会不稳定，而腹腔发声的声线整体是比较稳定并且浑厚的。这样，就会便于主持人对声线的把控。

至于语音语调的锻炼，就相对比较简单，大家可以选择一本《读者》或者《青年文摘》，定期地进行朗诵演练，就能很快学会抑扬顿挫的音调调整方式。随着主持的场次不断增多，主持人就可以根据现场客户的情况，调整自己的发音方式以及声音的甜美度。这种能力被我称为主持人的基本职业能力。

接下来请结合主持人的工作要求，完善主持人组工作职能手册（见表 3-12）。

表 3-12　主持人组工作职能手册

小组成员　　　　　组长：　　　组员：

工作职责	工作内容
流程研讨	
预演未来	
氛围营造	
流程管控	
声音管控	

○● 理财规划师组——精品沙龙营销的目标促成者

理财规划师在沙龙中的重要性不言而喻，每场沙龙最终的目标都是为了给客户提供优质服务以及进行产品促成，出色的理财规划师可以大大提升促成的概率。

传统营销沙龙的促成率较低，往往都是因为理财规划师的配备不足。标准沙龙的配备应该是一位理财规划师服务一位客户。但现实中大部分情况是，一位理财规划师要服务3~5位客户，这就大大增加了现场促成的难度，降低了促成率。

所以在精品沙龙营销过程中，对理财规划师的要求是：第一，理财规划师的数量要与到场客户数量相匹配；第二，理财规划师的服务能力和专业度要与活动主讲嘉宾相匹配。那么，如何实现这样的目标呢？这就要从筹备期、活动期以及服务期三个阶段对理财规划师的工作进行规范。

一、理财规划师筹备期工作职能与流程

在筹备期阶段，理财规划师的主要工作就是结合沙龙的目标完成筛选客户、送邀请函、客户信息收集。同时为了让理财规划师个人的能力以及讲述的专业度与活动本身相匹配，所有理财规划师还需要进行产品话术通关考核。

在前面的章节中，我着重讲解过沙龙客户同质的重要性，所以理财规划师在进行客户邀约之前要明确沙龙的目标以及服务对象，并且在邀约的过程当中能够对客户的信息进行二次收集。通过对目

标客户的详细信息的收集与整理，理财规划师将关键信息以数据的形式呈现给会务组的工作人员。在活动开始之前，理财规划师可以结合数据信息对活动细节进行微调，包括案例的设计，现场抽奖的奖品采购等。**一切不以客户需求为导向的活动都是无效的。**

理财规划师可以根据所收集的客户信息，进行目标客户的排序和优选。根据客户的信息必须进行到场率、现场促成率以及产品采购情况的具体分析，进而结合主讲嘉宾所讲解的理念以及产品结构，进行计划书的设计以及促成话术通关演练。

在这个过程中，我们会培养两类理财规划师。第一类是绩优理财规划师，他们主要进行大客户的促成和服务，我们会根据所收集到的客户信息，进行客户服务匹配。第二类是服务型理财规划师，他们的任务是将主讲嘉宾的理念熟记于心，能够跟现场的客户进行有效的互动和沟通，确保在客户做咨询的过程当中能够进行专业解答，这样就可以最大限度地扭转由于绩优理财规划师数量不足而导致促成率较低的局面。

二、理财规划师活动期工作职能与流程

在沙龙营销活动开始之前，理财规划师必须比客户提前到场，并做好充足的准备。在活动期，理财规划师要做好客户服务，并与其他工作人员做好配合，给客户创造良好的体验。

主讲嘉宾正式讲解之前的这段时间，是我们与客户建立信任的阶段。理财规划师可以通过聊天，更好地了解客户的家庭情况、工作情况以及兴趣爱好等，有必要的情况下可以向客户包装主讲嘉宾。

理财规划师不要与客户探讨关于产品的任何信息与内容。

在活动的沟通阶段,理财规划师的主要工作是进行促成工作,这时候其专业度的体现尤为重要。理财规划师的专业理念讲解一定要与主讲嘉宾保持一致,同时对于产品的分析以及专业名词的解释也要做到精准无误。在这个过程中,理财规划师应该提前做好工具的准备,包括产品计划书、产品说明书、现场活动解读表等,并且理财规划师应该对这些工具的应用都非常熟练。

另外,在活动现场我们会经常遇到特殊情况,这时候就要及时做好人员补位。比如在服务不同客户的过程中,我们会发现有些客户对于一种性格或某项专业能力较强的理财规划师更加青睐,这时候理财规划师之间就应该互换客户服务。这里需要强调是,互换客户进行服务,并不是两位理财规划师同时服务一位客户。在这一过程中,要确保每一位客户都是被照顾到的。所以,为了沙龙活动的效果更加完美,我们就需要培养足够多的绩优理财规划师。

三、理财规划师服务期工作职能与流程

沙龙业务的产生主要来源就是服务期的业务追踪,我们经常会遇到某些客户在活动现场对产品表示极大的兴趣,但回到家以后就放弃购买决定;也会遇到一些客户在活动现场对产品并没有兴趣,但是回去后经过仔细思考,又决定进行大额采购。所以要考察一场活动的效果如何,我们需要以最终成交为依据。

在这个时候,理财规划师的能力就尤为重要。很多初级理财规划师在活动结束之后,不敢去追踪客户进行产品营销,他们往往都

比较担心个人的能力无法与客户相匹配,最终却错失业务。但也恰恰是这种不自信的心理,导致了大多数客户与我们失之交臂。那么服务期的业务应该如何进行呢?事实上我们可以通过数据的追踪和管理来完善我们的追踪系统,进而提升成交率。

在每次活动结束之后,我们都会举办总结会。在之前的章节当中我们特别提过,每名工作人员都要为活动结果负责,那么我们总结的第一项就是对现场的客户进行分析和评估。每个岗位的工作人员在总结会里都要说出他认为最可能成交的5位客户以及成交原因。例如,主讲嘉宾与客户互动较多,会关注到客户的听讲状态,并结合客户的情况给出评估,哪些客户对哪个理念更感兴趣,哪些客户对哪个案例更关注等。

通过每名工作人员的客户分析和总结,理财规划师就可以很好地总结出自己的客户需要用什么样的方式进行后续的维护与追踪。对于会议中被提到超过3次以上的客户,我们都会进行重点标识与服务追踪,同时针对不同的需求导向客户,我们也会对理财规划师不同的服务追踪话术进行通关演练。

在服务期业务追踪过程中要严守"72小时黄金法则",通过线上及线下双重营销系统的打造,进行全方位立体化的业务追踪。我们可以运用到的追踪手段包括礼品法、名额法以及财务收单法3种方式。

1. 礼品法

礼品法就是通过给客户送活动礼品为理由进行产品促成。

话术举例:

××先生/女士，您好。感谢您对我们的信任，您在我们公司认购了××万元的××产品。在会议上我们为您预留了活动礼品，这两天我们为您送过去，您看您哪天时间方便？请您准备好身份证和银行卡，为了节约您的时间，我们会一起帮您办理好相关手续。

2. 名额法

名额法就是通过饥饿营销的方式进行产品促成。

话术举例：

××先生/女士，您好。感谢您对我们的信任，您在我们公司认购了××万元的××产品。我们的这个产品是限额认购的，您真的是非常幸运地得到了这么高的认购额度。您看您周三还是周四有时间？因为公司是按照办理业务的顺序最终确定的，我帮您把相关手续办理完毕，别因为我们工作上的疏忽让您错失好机会。

3. 财务收单法

财务收单法一般会应用在第三天，主要是通过第三方的沟通了解客户真实的异议，以方便进一步促成。

话术举例：

××先生/女士，您好。我是××公司的财务工作人员，×月×日收到您认购我公司××产品×万元额度的认购确认函，但是目前我们未收到您的付款凭证。请问是您忘记转账还是您已转账但未到账？我会帮您做好相关登记，感谢您的信任。祝您工作顺利，万事如意。

线上线下的促成系统主要是通过朋友圈、微信、电话以及上门服务追踪几个方面来完成的。我们可以通过朋友圈的发送，让客户更好地了解活动的情况，并且进行下一次活动的邀约，朋友圈的覆盖范围可以辐射到包括潜在客户在内的所有人员。微信的一对一发送，主要是针对所有客户。我们通过对活动现场情况的说明，进行二次邀约及面谈时间确定。

会后追踪是一项非常细致的工作，我们可以通过完善的系统，最大化地降低失误率，但具体的成交率、成交额是由理财规划师个人的能力决定的。理财规划师从给客户致电开始，就需要培养客户的信任度，并且做好客户信息的收集以及现场服务的全面准备。

促成不是一蹴而就的过程，就像谈恋爱一样，我们需要跟客户培养情感，在信任度和专业度的加分过程中，促成也自然而然地形成了。

最后要重点提示大家，活动现场不促成，不代表客户未来不会埋单。但是失败的服务体验不仅让我们现场无法促成，严重者将使我们丧失持续服务的机会。所以"要么促成，要么促死"的狼性营销思维在沙龙营销过程中是非常不合时宜的。

接下来请结合理财规划师的三个阶段的工作，完善理财规划师组工作职能手册（见表3-13）。

表 3-13　理财规划师组工作职能手册

小组成员　　　　　　　组长：　　　　组员：

工作职责	工作内容
客户邀约	
信息采集	
产品通关	
服务追踪	

在本章中，我们对精品沙龙营销中各个岗位的具体工作流程和细节进行了讲解。精品沙龙营销是一种组织营销行为，营销的成功不仅要依靠各个岗位之间的有效配合，更重要的是每一个岗位能够各司其职，完成自己工作职能手册中的关键工作部分并不断精进。

在日常举办精品沙龙营销活动的过程中，并不是每个岗位的工作人员都要参与其中，我们要根据营销策划的目标以及现场的客户情况来进行人员的有效配比。在团队管理的过程中，我们可以结合各岗位的职能手册进行功能组的组建和辅导。

04

**巧妙布局营销会场，
关注细节完善流程**

五大模式巧妙应用，关注细节完善流程。
工具应用系统闭环，人员配合岗位联结。

○● 精品沙龙营销会场布局的五大模式与特点

不仅精品沙龙营销目标、客户群体、活动形式等内容都要进行及时调整，精品沙龙营销的会场也要根据策划活动的目标有所调整。我们日常使用较多的精品沙龙会场布局主要有五大模式：座谈式、酒会式、会餐式、私享式、讲座式。这几种会场布局模式有所不同，能够服务的人数和布局细节以及活动流程设计都要根据不同的会场布局有所调整。

一、座谈式

座谈式沙龙（见图 4-1）是以"U"形座位布局为核心，配合冷餐的活动形式。这种模式在精品沙龙营销的组织中是应用最广泛的一种。

首先，这种布局对场地要求很低，在绝大多数的环境里都可以组织；其次，这种布局对参与人数的要求较低，10个人左右就可以举办；最后，这种布局的活动组织费用较低，一般冷餐的活动只需要采购冷饮、水果和一些糕点，礼品也只需要准备一些随手礼即可。

这种低成本、高频次、广适用的布局模式可以应用在各种场景和时间段。

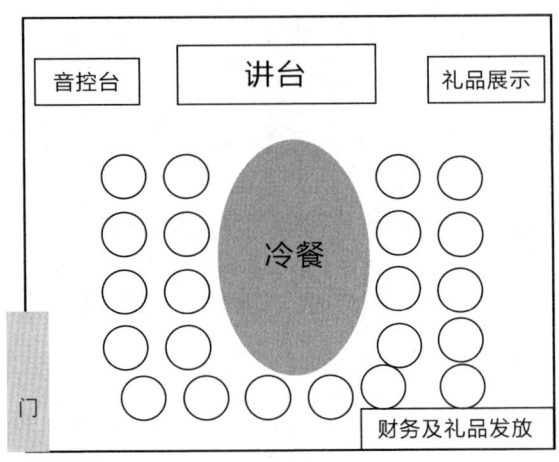

图 4-1　座谈式沙龙布局

推荐等级：五颗星。

适合人数：10~20 人。

适用情景：兴趣活动、理念沟通。

适合场地：公司职场、咖啡厅、茶馆。

建议形式：个人答谢会、兴趣沙龙、高端社交沙龙等。

二、酒会式

酒会式沙龙（见图 4-2）主要模仿西方酒会的社交模式，是为了满足自由社交和活动体验的一种活动形式。相较于座谈式沙龙，酒会式沙龙更具有社交感，适合高端客户和年轻客户。

这种活动一般为客户准备自主式冷餐，现场活动的空间会较大。

在正式沙龙开始之前,都会给到场客户留有充分的交流时间。如果服务的客户相对年轻或者活动策划里包含较多的体验活动,需要客户的参与,就适合采用这种模式。

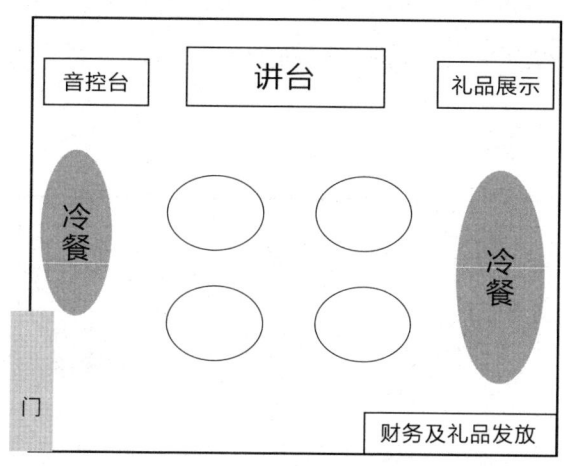

图 4-2　酒会式沙龙布局

推荐等级:四颗星。

适合人数:20～30人。

适用情景:兴趣活动、产品推荐、高端服务。

适合场地:酒店、私人会所、CBD。

建议形式:兴趣沙龙、高端社交沙龙、老客户转介绍活动等。

三、会餐式

会餐式沙龙(见图 4-3)是在传统沙龙经营中被使用最频繁的一种模式。这种形式主要沿用了中国传统的聚餐式聚会模式,利用邀请客户用餐的模式来进行客户服务和产品理念的导入。

随着时代的发展,会餐式沙龙营销投入成本越来越高,客户满意度反而在逐渐下降。为了提高会餐式沙龙的产能及效益,我们一般建议50人以上的活动采用会餐式沙龙。会餐式沙龙以促成为目标,所以要求到场客户一定是进行过前期有效沟通及客户信息整理的精准目标客户。

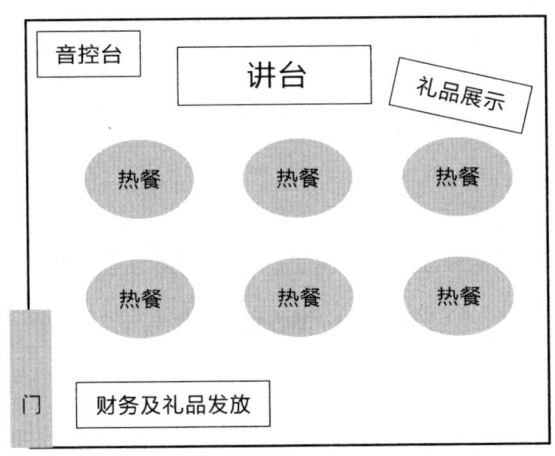

图4-3 会餐式沙龙布局

推荐等级:三颗星。

适合人数:50人以上。

适用情景:产品发布、服务升级。

适合场地:酒店。

建议形式:产品推荐会。

四、私享式

私享式沙龙（见图4-4）主要适用部分企事业单位的高管以及企业私营企业主等高净值人群，这类人对自己的财富私密性要求较高，所以私享式沙龙主要在人数较少、服务区域较私密的情况下应用。

大部分私享式沙龙邀请的客户都相对高端，也属于难邀请的类型，这种客户需要的是系统并且专业的金融管家服务，因此，此类沙龙都会减少主讲嘉宾讲解的时间，避免客户产生被教育的不适感。同时，增加理财规划师与客户的沟通时间，能够让理财规划师为客户提供良好的一对一服务，从而让客户更容易感受到个性化定制的服务体验。

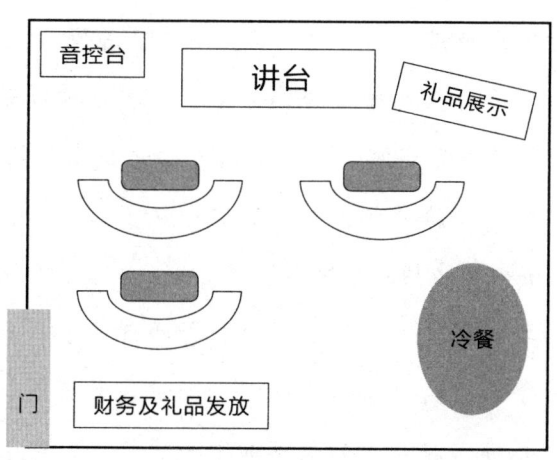

图4-4 私享式沙龙布局

推荐等级：三颗星。

适合人数：10～20人。

适用情景：高端服务、私人定制、高端社交。

适合场地：私人会所、茶馆、咖啡厅。

建议形式：高端社交沙龙、高端客户内部订购会。

五、讲座式

讲座式沙龙（见图4-5）类似于传统课堂的布局模式，客户和理财经理都是排排坐。这种模式相较于前几种模式有着明显的弱社交性属性的特点。它唯一的好处就是在同一空间内，邀请客户数量可以实现最大化。这种模式一般应用在大型客户服务节，由于现场客户互动性较弱，最适合安排的就是大型专题讲座。

我们曾运用这种模式举办过一次少儿健康讲座。在这次讲座中，我们专门邀请到一位少儿手足口病专家，为客户举办了一场"少儿疾病防大于治"的专题讲座。尽管这场专题讲座我们收了80元/张的门票，但客户们依然争相抢购。从这一点不难看出，如果选择讲座式沙龙，主讲内容必须足够吸引客户。

我们用门票所得收入购买了医生推荐的健康书籍和家庭常备药物收纳盒，并分两次赠送给客户：在专题讲座的当天，送给客户一本健康图书，并告知客户，如果参加下一次活动，即可获得药物收纳盒。

这样，一场讲座式沙龙活动不仅能够让我们更好地服务客户，还成为邀请客户参加持续活动的契机。

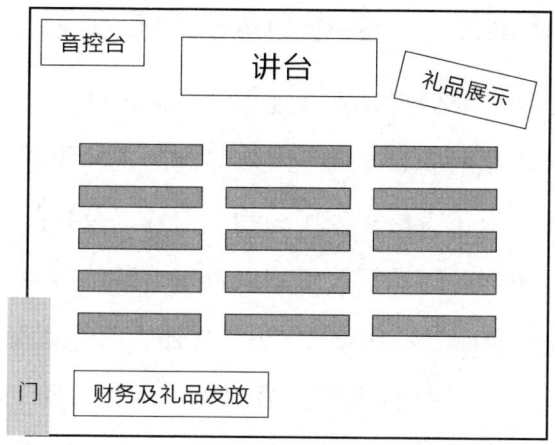

图 4-5 讲座式沙龙布局

推荐等级：二颗星。

适合人数：100 人左右。

适用情景：大型客户服务、专题讲座。

适合场地：公司职场、酒店、CBD。

建议形式：客户服务节等大型活动。

以上五种模式是我们在日常工作中较常见的精品沙龙营销会场布局模式，每一种模式都有其特定的应用场景，并符合不同的营销目标以及客群。我们需要根据活动策划的具体要求来进行选择。

虽然我们给出了每一种会场布局的推荐等级，但等级并不代表布局的好坏优劣，仅代表不同种类的会场布局的适用性高低以及性价比高低。如果公司有一两间房间专门用来组织精品沙龙营销活动，建议大家将房间装修成灵活性较强的活动空间，这样当我们举办不同类型的沙龙时，可以完全根据活动策划需要完成活动现场的布局。

● 细节决定成败——会场布局的必备要素与细节管理

在上一节中，我们可以直观地看到不同的沙龙会场布局。每种沙龙会场布局应用的场景不同，对应匹配的现场物料的配置也有所不同。会务管理人员需要对现场的物料采购以及物品摆放等细节进行有效管理，不同的物品摆放形式以及采购的细节都是体现会务管理人员的综合管理能力以及公司细节管控能力的关键要素。

沙龙营销现场的物料主要分为服务工具和营销工具两个模块。服务工具主要包括餐饮和礼品这两方面，营销工具主要包括展架、条幅、台卡、产品说明书等。

要做到物尽所能、物尽所用，就必须懂得不同活动形式里物料的应用细则以及注意事项。会务管理人员可以通过这些物资管理的细节向客户传递服务理念和产品理念。

下面我们主要对餐饮、礼品以及营销工具进行介绍，方便大家进一步了解精品沙龙营销会场布局的必备要素。

一、餐饮

餐桌礼仪和餐饮文化能够充分体现一个组织的服务理念以及服务能力。在沙龙营销会场布局中，我们会分别运用热餐模式和冷餐模式。

1. 热餐模式

在热餐模式里，我们要重点关注上餐的时间把控，不要出现由于等候时间过长而导致饮食变冷的情况。同时，餐饮的搭配也要注意荤素得当，照顾少数民族客户饮食习俗等。

另外，在一般会餐式沙龙中，我们会准备一些酒水，部分地区的理财经理还会跟客户喝上几杯以示亲热。由于我国不同地区的酒文化存在较大差异，我们建议大家在符合本地文化的前提下适可而止，毕竟沙龙是公司组织的商业行为，不宜过量饮酒。

2. 冷餐模式

一般冷餐宴需要准备水、水果和糕点，这些饮食的准备要注重细节。

关于水的选择。建议大家要给客户多样的选择空间，可以准备矿泉水、碳酸类饮料、果汁类饮料和咖啡等。

关于饮料的采购。现在各大商场都有非常轻小的100毫升左右的瓶装饮料，因此大家就不必采购1升左右的大瓶装饮料，从而避免了因共享一大瓶饮料给客户带来的不便，也避免造成浪费。

关于水果的准备。一些味道较重的水果，例如榴莲，就不要采购。一些不太方便食用的水果，例如石榴、椰子之类，也建议大家不要采购。这里要特别提示，香蕉和苹果等易氧化的水果，大家也要酌情采购。这类水果个头较大，如果不切割，客户不便自取食用；但是如果切割开，很快就会氧化，表面看起来也不美观。所以冷餐的准备工作要相较于热餐更加复杂。

另外，餐品摆放也是一门学问。如果我们举办的是高端客户专场，那么冷餐最好是每位客户单独一碟，我们应该保证的是品质的优良，而不是数量的多寡。但如果我们在一些人情味较重的地区举办会餐活动，那么就应该保证冷餐的堆头摆放较高，为客户营造一种盛情邀请的氛围。这些餐饮布局的细节虽然不能决定客户现场的采购量，却可以给客户带来不一样的心理体验和感受，值得我们关注。

二、礼品

1. 礼品的选择

礼品的选择一定要符合客户的基本需求，同时要通过礼品向客户传递出一种情谊。

我的团队在给客户准备礼品的时候总是能给客户带来惊喜。其实并不是我们公司财大气粗，而是我们更关心客户的真实需求。

大部分公司都给老年客户采购过米、面、豆油、家用电器等用品，因为大家觉得老年人都需要这些，但是很少有人给老年人送过小猪佩奇玩具。尽管我们越来越关注老年人的各种需求，但是仍然忽略了老年人的另外一个需求——与孙子孙女的隔代陪伴需求。

我们曾经在一个老年人服务专场里专门讲解隔代亲和中国式养老环境的变化，然后在现场送给老年人一个小猪佩奇玩具，并且告诉他们多大的孩子喜欢这个玩具，孩子们为什么喜欢这个玩具。

很多老年人跟我们互动得非常开心，而且拿到礼物以后也非常惊喜，还转介绍他们的儿女给我们认识。

没有无法满足的客户需求，只是我们在给客户选择礼品的时候过分关注礼品本身的价值，并且总在与同业相比较，而甚少真正关注过客户的需求而已。所以，礼品准备的第一要素就是关注客户需求，要走心。

此外，在礼品的选择上，也不能忽略礼品的新颖性。例如，大家都在送碗筷之类的礼品，我们可否考虑送一些具有美好寓意的餐桌台布等礼品。

2. 礼品的陈列

关于礼品的陈列，大家只需要记住一个要点：获得性。我们的礼品陈列在会场里，是不是具有获得性的。我们需要问一下自己，当客户看到了这些陈列堆头时，有没有期待自己得到这份礼品？

我们日常去大型购物商超时，经常会看到非常吸引眼球的陈列，会让我们对产品产生购买兴趣。这些优秀的陈列我们要留心观察，并且运用到我们的活动中。

三、营销工具准备和使用

1. 营销工具的准备

我们在一场活动中会准备非常多的营销工具，例如，条幅、桌牌、海报、展架、台卡、产品介绍墙等，这些工具都是有助于我们向客户宣传沙龙理念和公司品牌的关键工具。

一场优秀的活动，要确保每个营销工具的底版是一致的。我们经常在活动中遇到桌牌上有公司Logo，但条幅却只是传统的红白相间样式，这就没有起到很好的品牌宣传作用。并且从整体上看，沙龙也缺乏设计感，所以营销工具的设计一定要保持统一。同时，用于促成的礼品确认函和额度确认函等工具也要跟活动主题以及关键理念相同。

我们曾经组织过关于高净值家庭教育金储备的专题讲座，其中提到了子女教育的三个自由：自由的旅行、自由的教育、自由的创业。我们的展架主要结合这三个自由的理念进行设计，除此之外还有主讲嘉宾包装以及公司介绍的展架。同时我们在桌面的台卡上也会把关于高净值教育的一些理念整理并陈列给客户。这样统一的理念宣传会很好地强化客户对我们活动的理念认知，也可以非常有效地宣传我们的公司品牌。

2. 营销工具的摆放

营销工具的摆放要合理，做到桌面整洁。在众多营销工具当中，尤其要注意金融产品合同的摆放。它属于有价合同，摆放时候更要注意有序和整洁。

在一场活动中，每个营销工具应该摆放在哪里，需要由哪个岗位进行管理，都要分工明确，井然有序。试想，一名金融机构的工作人员在工作细节上都不能做到谨慎，又如何让客户相信我们有能力打理客户的数十万元乃至上百万元的资产呢？

细节决定成败，习惯决定命运。对这些活动细节的管理无法一蹴而就地给我们带来高收益，却可以让营销人员养成良好的习惯，并且给客户留下深刻的印象，对长期服务黏性的建立能够起到关键性的作用。

○● "1+1如何大于2"——工作人员的有效配合与流程管理

一、沙龙人员管理

精品沙龙营销的过程其实就是管人、管物、管事的过程,其中相对较难管理的就是人员的管理。正如我们在上一章提到的,在精品沙龙营销过程当中设置了多种工作岗位,需要我们进行统一协调和管理。那么如何实现"1+1>2"的管理目标,让每个工作岗位的人员都能够最大限度地发挥主观能动性,为我们的结果负责呢?选对人、做对事是关键。

1. 精品沙龙营销人员管理第一要素——长板理论

精品沙龙营销说到底是一种组织营销行为,其中的关窍就在于如何让组织中每个人都发挥最大的优势。

我们学过管理学中的"木桶理论",它主要针对个人的成长,其核心意义是通过对个人短板的评估并进行改善。但是在现在的组织合作的过程中,"长板理论"才是真正有效的。团队中的每个人的优势有所不同,作为组织营销的管理者,我们要能够发现每个人的优点和长处,将它们进行最优组合。

举例来说,团队中有些人擅长主持,有些人擅长绘画,还有一些人擅长活动的组织和氛围的营造。作为精品沙龙营销活动的组织者,我们要能够发现大家的优势,并不断地协助每个岗位的工作人员进行优势的精进,最终实现"1+1>2"的管理目标。

2. 精品沙龙营销人员管理第二要素——首问责任制

在精品沙龙营销的过程中，每个岗位的工作人员都会与客户有所接触，所以需要每个人都要为结果负责，为他的工作负责。

要实现首问责任制，就必须要求每名工作人员对沙龙活动的目标、流程、职能做到精准掌握。执行首问责任制的团队成员会更加认真负责，也能够给客户营造一个专业、负责的品牌形象。

3. 精品沙龙营销人员管理第三要素——补位理论

每场沙龙活动的现场都独具特色，我们很难确保每场活动都能够完全按照既定目标进行。面对活动现场的突发事件，如何有效地调配工作人员，以确保活动按既定目标执行是非常关键的。这里就涉及了补位——如果每个岗位的工作人员只了解自己的岗位职责，而不了解其他岗位的工作要求，那么出现突发事件的时候，就没有办法进行有效补位，保证活动顺利进行。

在一次沙龙营销活动过程中，台上的笔记本电脑出现了黑屏的现象，本应负责设备管理的音控人员在半小时前突发腹痛已经离岗。进行补位的工作人员完全不了解设备的操作，也不知道遇到这种情况应该如何处理。此时活动就必须中断，等待更换好新的电脑后才能进行。

类似的情况在活动中经常会发生，所以，我们会要求组织营销进行不定期地进行岗位调整，让每个人熟悉每个岗位，不仅有助于我们日常工作的配合，更能在突发事件过程中能够及时补位。

二、精品沙龙营销中的注意事项

做好人员管理后，流程自然就是顺畅的。要想给客户呈现一场体验更加优质的沙龙，会务管理人员还应该注意哪些事项呢？

1. 品牌印象的塑造

一场沙龙活动无论是否成交，都可以给客户留下或多或少的品牌印象，客户对我们的信任度主要也是来自对品牌的信任。这就需要我们在组织沙龙营销活动时，能够重视品牌效应，为客户营造一个可以信赖的环境。我们可以通过海报、展架、岛台、桌卡等各种手段进行品牌印象的塑造。

如何给客户留下良好的品牌印象？首先要做到的就是 Logo 的统一。我们要让每个展示给客户的细节都有统一的标识和设计，确保客户从进入活动现场以后，就能够充分地感受到公司的品牌印象。其次要做到的是工作人员标识等形式的统一。工作人员着装是否统一、客户经理的工作牌是否统一等，这些品牌的软环境都会影响品牌印象的塑造，最终会影响到客户的感受。

要让客户感受良好，我们不仅要在精品沙龙营销活动现场进行良好的品牌宣传，也要注意客户经理和工作人员的着装以及言谈举止。毕竟在活动中，我们每个人代表的不仅仅是自己，而是公司的整体形象。

需要注意的是，如果在沙龙活动现场存在任何的内部问题，应该找一个独立的空间进行解决，避免内部问题的处理过程在客户面前进行。

只要一场沙龙营销活动能够给客户留下良好的品牌印象,我们就有理由相信未来的成交是可以预期的。

2. 迭代体验的优化

精品沙龙营销的客户体验度不能一成不变。对于大多数团队而言,客户群体的迭代速度是比较缓慢的。如果每场沙龙营销活动的形式和内容都非常接近,就会降低客户的参与度,也会降低客户经理的邀约积极性。

其实我们不需要颠覆原本的沙龙营销活动内容,只需要在每次活动结束后做好总结,在下一次活动开始之前进行"微迭代"——在一些细节上进行优化,改变某一个环节的内容。这样小小的改变和创新不仅不会给我们的经营造成很大困扰,反而可以让营销员和客户都有所期待。

迭代的目的不是革命,而是改善。我们可以改善的内容包括活动的形式、流程、体验度、设计感等。每次内容小小的改善,都会得到不同的客户反馈。会务组要认真记录客户对活动改善的反馈,根据客户的偏好进行深度优化。通过几次这样的系统迭代,就可以实现"1.1 的 10 次方"的目标,我们的精品沙龙营销就会一直在行业中占据领先地位,成为客户的首选。

05
精品沙龙营销活动经营策略创新

以客户需求为导向，以客户经营目标为核心。
创新沙龙经营模式，实现客户价值持续经营。

在传统的沙龙营销方案设计过程中，大家往往更关注沙龙策略执行的时间流程，而忽略了策略设计本身。由于没有明确的执行目标，没有结合目标而构建的执行过程，沙龙就变成了简单的拼接式活动组织，客户的体验度自然很低，也就无法通过活动组织实现营销目标。

精品沙龙营销的活动策划目标就是通过精准的客群分析，结合活动整体设计把客户带入设定的场景，通过活动体验、专题解析以及现场的沟通，最终实现营销目标。所以，一个完整的营销策划无论从情景的设定，还是主讲内容的设计、案例设计，都具有统一性。

○● 明确客户定位——一切以客户需求为导向

精品沙龙营销活动的策划一定要以客户的需求为导向。正如前几章中所阐述的那样，每一场活动都要有精准的客户定位，活动的主题和流程都要根据客户的需求来设计。因此，精品沙龙营销活动策划的第一步是进行客户分类，第二步是分析客户的痛点。

一、客户分类

按照前面章节所讲解的五种不同的精品沙龙营销模式，同时结合沙龙目标将客户再进一步细分：高端沙龙可以分成高端客户答谢会和高端客户转介绍活动两种类型；兴趣沙龙可以按照社群分类，也可以按照职团分类；个人答谢会可以分成亲朋好友专场和影响力中心专场；保单年检会可以分成理财客户保单收益发布会和保障类客户保单检视会；产品推荐会也要根据客户的购买力和保险认知度进行不同的分类。通过对客户进行详细划分，我们能够更清楚地确定活动目标，掌握客户信息并做出最优决策。

二、客户痛点

对客户的基本特征已经有了精准定位后，就可以深入地分析该类客户的特征了。需求分析工作最怕盲人摸象，不够透彻，因此分析客户不能停留在金融需求的表面，而是要深入分析客户痛点。

分析一类人群可以从工作情况、生活情况、兴趣爱好、金融需求这四个方面着手：通过对客户工作情况的分析，我们可以了解客户的收入结构、收入稳定性以及工作伙伴的基本情况；通过对客户生活情况的分析，我们可以了解客户的家庭结构、关键生活场景以及客户的资产结构配置等；通过对客户兴趣爱好的分析，我们可以了解到客户的兴趣偏好以及喜欢的礼品等；通过对客户金融需求的分析，我们可以了解到客户缺少什么类型的资产配置，并且可以对客户为什么没有配置该类资产的原因进行分析，是不知道、不信任还是不需要，只有找到该类客群的真实问题，才可以有针对性地设计活动，达成营销目标。

通过以上详细信息的分析整理，我们可以非常清晰地了解到该类客户的财富认知，金融产品应用场景，朋友对他可能造成的影响因素，家庭收入的可分配采购限额等，这些信息对我们的活动设计以及产品案例的分析都起着至关重要的作用。同时我们需要根据这些基本信息分析出客户的多个痛点，然后根据这几个痛点来设定出不同的活动主题。例如，宝妈的痛点就是子女教育，那么对应的主题可以有：与叛逆期孩子沟通的五个技巧、让孩子快速学会英语口语的家庭教育法等主题。

○● 精准活动策划——精品沙龙营销活动从策划开始

一场精品沙龙营销是从策划开始的，所以，当我们定位好客户以后，就要结合客户的爱好、需求、金融产品认知以及我们的营销目标来进行活动场景、互动游戏和流程的设计。活动策划主要包括活动的流程、破冰游戏的设计、现场客户的优质体验等。针对不同的客户流程设计会有所不同，其中主要的设计就体现在流程板块和破冰体验的设计这两部分。

一、流程板块设计

一般情况下，精品沙龙营销活动都会包括四个板块：开场破冰、专题分享、体验活动、沟通时间。如果我们举办的是一场"90后"专场,体验活动的时间可以相对较长,甚至可以把体验活动与专题分享相结合,这样对于"90后"而言,他们可以很好地融入整场活动。如果是针对高净值客户的活动,那么沟通时间就要较长,因为邀约一次高净值客户非常不容易,并且他们也不是特别喜欢互动的客户群体,尽量不要把时间浪费在体验活动上。

二、破冰游戏设计

我们可以通过对人群的兴趣爱好分析,来设计现场破冰游戏以及体验活动等。只有每场活动的体验环节都不同,才能让客户觉得每场活动都是惊喜。

三、客户体验设计

我们也要根据客户的兴趣偏好和生活情景来设计优质的体验活动。例如,如果我们邀约的中老年客户较多,教他们做微信相册的设计或者玩"开门大吉"的游戏都是非常适合的;如果我们邀约的是全职太太,可以在有奖问答的时候尽量设计一些生活小技巧类的问答题。我们的破冰游戏以及现场体验环节的设计都可以创造社交体验度并且提升客户的话题传播度。用心的设计是可以被客户感受到的,也必将从效果中得到回报。

○● 特色产品解析——用客户熟悉的语言进行描述

根据客户的核心需求定义产品。比如，分红险既可以做教育金储备，还可以做养老储备，又具备传承和理财的基本功能。我们要针对客户的不同关注点来进行产品的定位和解读。产品的解析要让客户听得懂、听得进、听得明白，最好用客户熟悉的语言进行描述。

我们曾经包装过一个"金融概念房"的理念，主要讲解的是年金型保险，核心内容是保险年金的安全、稳定、保本的基本功能。我们在包装产品的时候并没有使用任何晦涩难懂的金融学术语，这样就确保了客户能够很快地听懂我们所要表述的概念。

在包装产品的时候也要注意，产品案例要结合客户的购买力进行包装设计。这个部分会单独在第七章结合具体的示例详细地阐述。

○● 情景案例设定——活动需要融入情景

结合营销策划的主题设定精品沙龙营销活动的情景，通过有效的工具设计以及情景的应用让客户更好地融入活动，让整场活动能够体现统一性，为客户构建一个完整的体验情景。

活动策划要想为客户创造良好的体验，就需要具备以下五个要素：看得见、摸得到、玩得上、拿得到、签得快。这五个要素能够立体地把我们要展示给客户的理念和创意传递给客户。

一、看得见

金融行业的产品不同于其他行业,其本身是看不见、摸不着的。客户购买金融产品,更多的是购买理念,理念只有呈现给客户,并且得到客户认可才是有价值的。这就需要活动策划者能够将要传达的理念以正确有效的方式传达给客户,而理念包含在各种信息当中。因此,我们要通过信息,将理念呈现给客户。在一场沙龙营销活动中,我们需要传递给客户的基本信息主要包括产品信息、理念信息、公司信息、礼品信息。

第一,产品信息。

传递产品信息最通用的工具就是产品彩页和计划书。这里我们要着重强调的是每场活动所传递的关键理念会有偏差,即便同一款产品在面对不同客户的时候,产品的优势也会有所差异。这就需要我们结合主讲嘉宾讲解的理念设计产品彩页,根据客户的购买力情况设计参考版计划书。

第二,理念信息。

理念信息重在宣导。每场活动都会根据产品推广的需要导入相关的理财理念,我们可以通过展架、台卡、条幅等工具的设计,把要传递给客户的理念信息有效传达。

我经常去分享的一家机构,每次在沙龙举办的场地都会把我在专题讲座中要讲到的关键信息、理财金句及财富结构模型提前印刷,制成展架,在活动现场进行大规模的陈列。这样客户来到活动现场后，首先就会被这些信息吸引，自然就形成了高端大气上档次的营销氛围，理念信息也就得到了有效的宣导。

第三，公司信息。

这是一场活动中必不可少的重要工具。我在本书中反复强调这样的理念：一场活动无论现场签单情况如何，公司品牌形象的建立才是最重要的。展示公司品牌信息可以从以下两个方面入手：一是在所有的彩页和展板上都要印有公司的Logo，二是专门准备对公司进行介绍的展架和视频宣传片。

第四，礼品信息。

其实金融机构把礼品作为成交促成的工具可以理解，但是如果把礼品作为促成的唯一筹码就有很大的问题。近些年，各家金融机构的礼品竞赛越来越激烈，本书也曾在第二章里专门用一节的内容对礼品的认知进行过分析，这里我就不再赘述了。仅针对礼品的陈列，我给大家提出一些建议：礼品的陈列方式一定要吸引客户，但是不能让客户引发不必要的联想。

很多公司都送过精装大米，但是当我们在现场把礼品向客户进行陈列的时候，客户往往更关注的是产品的本身价值，并且计算自己购买的金额与获赠礼品的额度是否满意，这就跟我们赠送礼品的初衷背道而驰了。

如果我们既想让客户满意，又不想让客户引发不必要的联想，怎么做更合适呢？我们可以在产品的外包装上贴上一个丰收的"丰"

字,这样客户的关注点就从产品的品牌和价值被引导到产品给他们带来的寓意上了。

不同的陈列形式能够给客户带来不一样的体验感受,我们既要保证活动的关键信息让客户一目了然,又要确保陈列的美感和效果。如果活动中还有一些特殊的环节需要客户参与,也可以根据环节的设定来完善我们"看得见"的工具部分。

二、摸得着

在人性中有一种非常奇怪的情况——得到即想要。举例来说,客户购买衣服,只要不试穿总会找到理由放弃购买,但是一旦销售人员想办法让客户试穿了,客户就会转而给购买找理由。所以服装类产品营销都会邀请客户试穿,因为这是促成的最佳方式。

在沙龙营销活动的现场,我们也需要让客户能够摸得着活动礼品。只有客户亲自摸一摸、看一看,把玩一下活动礼品,便会有意愿把它们带回家,活动礼品才能成为我们促成的辅助工具。

活动礼品一般分为三种:

首先是随手礼。

在活动中,我们都会准备一些特产或者一瓶酒之类的随手礼,让客户作为纪念。这种礼品尽量不要太贵,表达心意即可。活动开始之前,可以在签到台处放置一份随手礼,让客户可以直观地看到和接触到,但是礼品一定要在活动结束之后统一发放。

其次是现场互动礼品。

由于现场互动不能确保每个客户都能参与进来，并且这种互动礼品主要也是为了调动氛围，因此一般都会选择一些有纪念意义的玩偶或者印有公司 Logo 的摆件等。我们只要确保 1/3 的客户能够有机会获得即可，具体数据可以根据活动策划的目标进行调整。

最后是签单礼。

签单礼一般根据客户的购买力以及客群偏好来设计，这需要礼仪人员在签单的时候向客户展示。礼仪人员也可以专门将礼品摆放在有兴趣的客户面前，供客户仔细欣赏以便其做出购买决策。

三、玩得上

玩得上主要指现场互动的体验活动，一定要确保每个客户都能有参与感。要达到这个目标，需要从几个角度着手设计：

一要确保参与度。

如果在一场 300 人的活动中，设计一个只有两个人玩的游戏，那么参与度就等于是 0，客户体验感就会很差。

二要确保趣味度。

如果活动现场只是问一些客户不了解的又无聊的问题，用来暖场的活动就会变成冷场的活动。

所以我们要分析不同客户的情况，选择合适的破冰活动以及现场体验的活动。让客户既愿意玩又能玩得上的活动才是最好的。

四、拿得到

拿得到主要针对的是签单礼品的设计。签单活动要根据客户的购买力进行设计，礼品也要结合客户的需求来选择和采购。签单活动设计得好坏直接决定了客户现场的成交率。

签单活动建议大家设定三个等级：

最低等级，入门级。

最低等级是大部分客户都有购买能力的入门级，要选择大家日常能够用得上，而且客户使用率较高的礼品。

第二等级，1/3 客户无压购买。

第二等级要保证 1/3 的客户无压购买，2/3 的客户可以有机会选择。礼品可以比入门级高一个等级，可以是客户比较喜欢但自己又舍不得购买的品牌商品。

第三等级，1/5 客户有购买力。

第三等级相对高一些，大概 1/5 的客户具有购买力，礼品也可以设定得更加高阶和有创意。

不同的等级划分有助客户更快速地做出购买决定。对于入门级大家都能够具有购买力，客户就会产生是否采购的心理，这样可以增加理财经理与客户的沟通时间，提升促成率。如果入门级设计得过高，很多客户已经无法接受，就会降低现场成交率。

需要注意的是，第二等级的设定是为了帮助一部分客户在犹豫不决时可以将考虑采购金额转移到考虑喜欢哪款礼品上来，这样更有助于客户做出购买决策。

三个等级主要是为了迎合部分大客户的需求，划分出不同的等级，从礼品方面凸显客户的尊贵，促使客户购买。

五、签得快

这是指最后的签单环节中促成工具的准备。通常准备的签单工具包括产品说明书、产品计划书、礼品确认函、额度确认函等。这些工具应用在不同的活动策划中，最核心的理念就是通过工具的使用，让客户能够快速做出购买决定。

○● 营销工具设计——营销工具促成活动执行

在完成前面四个步骤的策划和落地细节的梳理后，我们可以将整个活动流程根据时间顺序填写在表 5-1、表 5-2 里，并且根据每个环节所需要的工具以五大模块里需要展现给客户的情景工具做系统设计和梳理，最终会形成三个板块的工具以及一套系统话术，这些内容就是能够促使整场活动顺利落地执行的营销工具包。

三个板块的工具分别是氛围营造工具，包括邀请函、展架、条幅、台卡、情景装饰等；产品解析工具，包括产品计划书、产品彩页以及产品促成工具；活动营销工具，包括入门礼、活动礼、签单礼等。

话术主要包括电话邀约话术、朋友圈邀约话术、二次回访话术、现场成交话术以及活动追踪话术等。

工具的输出是整个活动设计的最后一个部分，完成了这个部分，我们就可以结合将整个活动策划以表格的形式呈现出来,这就是一个完整的精品沙龙营销活动策划方案。

表5-1 精品沙龙营销策略一览表(第一天用)

活动主题		目标客户		营销目标		
精品沙龙营销邀约话术							
开拓渠道	邀约策略	邀约目标		邀约话术		
微信邀约						
电话邀约						
面谈邀约						
回访邀约						
精品沙龙营销策略						
邀约目标(分解)		到场目标(分解)		成交目标(分解)		
会务流程	时间	内容			负责人	备注(物料)
会后追踪策略						
追踪策略	追踪对象	追踪目标		追踪话术		结果反馈

表5-2 精品沙龙营销统筹规划一览表(第二天用)

举办时间		举办地点		总策划	
活动邀约目标		活动到场目标		活动促成目标	

（续表）

会前准备工作					
项目	具体内容	完成时间	负责人	考核标准	是否完成
话术通关（晨夕会行事历）					
工具准备	拜访工具				
	会务工具				
会场安排	场地选择				
	场地布置				
物料采购					
会前邀约（追踪及反馈）	电话邀约				
	初次面谈				
会务流程管理					
会务主管	主持人		主讲人	促成团负责人	
礼仪组	工作组				
沙龙预演	时间安排	负责人	达成效果	总结改善建议	
沙龙现场	到场人员	签单情况	追踪计划	会议小结	
				优势	待改善
费用预算					
项目	内容	预算经费	负责人	采购情况	使用情况

06

精品沙龙营销活动策略方案模板解析

／ 明确客户定位，制定活动方案。／
　　不断优化细节，完善客户体验。

宝妈系列活动——"小小牙医"（体验沙龙）

一、方案背景

现今家庭对于健康的关注度越来越高，对孩子的健康教育和健康理念管理也刻不容缓。在各个家庭都给孩子采购健康保险的同时，健康保险的保障范围以及报销流程对于大部分客户来讲还是盲点。本活动希望通过保护牙齿这个每个家庭都会关心的主题来吸引更多的家长参与，并且在执行过程中通过专业的保险保障介绍和保险理赔流程介绍，建立与家长之间的信任关系，进而达到家庭保单检视或者少儿健康保险办理的目的。

二、方案目标

获取客户名单、构建客户信任度、健康保险理念导入、邀约保单检视。

三、方案对象

5~10岁的孩子及其家长。

四、执行流程

根据活动的方案的背景、目标,以及方案对象的特点,制定本执行流程(见表6-1)。

表6-1 "小小牙医"活动执行流程表

活动阶段	活动内容	活动细则	活动备品
获客邀约	在小区、幼儿园等区域进行公益活动邀约	每人定量邀约10人	邀请函 展架 活动预约登记表
牙医诊断	牙齿保护讲座 牙医诊所参观	地点:牙医诊所 时间:30分钟 讲解人员:牙医	牙模具 我爱牙齿小贴士 冷餐 小奖品
理念讲解	医疗保险保障范围讲解 医疗保险报销流程解读 儿童医疗保险种类及作用讲解	地点:牙医诊所 时间:30分钟 讲解人员:理财规划师	报销流程图 客户信息收集表 有奖问答奖品
服务追踪	保单检视服务 儿童健康沙龙活动	名单制追踪 活动式追踪	保单检视表 报销流程图

五、方案话术

1. 朋友圈宣传文案

牙痛不是病,疼起来真要命!

重视宝贝口腔健康,从教会他们刷牙开始!

让可爱的牙医教会孩子如何正确刷牙,您报名了吗?

即日起转发本条朋友圈,获28个赞即可免费参加"少儿牙齿保卫战"活动;老客户带新客户参加活动一律免费!还可以给宝贝领一套牙齿保护套盒哦!

报名电话：××××××××××。

2. 电话邀约话术

××先生/女士，您好，我是××公司的客户经理。这次给您致电主要是告诉您一个好消息，我们公司即将举办一场关于少儿牙齿保健的活动，邀请您带着孩子去××牙科去参观。这场活动的主要目标就是让孩子了解更多口腔健康知识，让牙医教会孩子如何正确刷牙防止蛀牙。我们每场活动只邀约20位家长和孩子参加，您是周六还是周日时间方便呢？

3. 现场成交话术

××女士/先生，您好。请问您对我们今天的活动满意吗？您平时在家里教小孩子做口腔护理的时候，他们会很听话吗？我们公司关爱少年儿童健康的活动还有很多，您可以加我的微信，我这边有不错的活动都可以邀请您。另外，因为您是我们本次活动的客户，我们可以向您赠送一次免费的保险体检服务，这项服务主要针对您家里现有保单进行一对一检视。我们也可以给您专门讲解关于孩子保障报销流程的问题，避免有时候您自己的利益没有得到很好地维护。您看下周三或周四是否方便？

六、方案工具

1. 宣传工具

朋友圈宣传海报、公司介绍展架、保险报销流程图、牙齿保护理念展架和台卡、印有公司Logo和牙科诊所Logo的条幅。

2. 场景工具

牙齿模具、牙齿玩偶、小小牙医照相墙、少儿牙齿保护套装。

3. 营销工具

保险报案理赔流程图、儿童健康保障检视图、牙齿保健漫画。

七、方案点评

家长对于孩子的健康都是非常关心的，可以说是第一痛点。小孩子爱吃糖、不爱刷牙等伤害牙齿的坏习惯，改正起来非常困难。活动从这个痛点导入，以公益形式切入，有助于批量获客。

在活动过程中，借力牙医的专业身份，有效地切入健康理念话题，通过讲解分析保险理赔流程和理赔范畴，建立客户对客户经理的信任度，最终就可以顺理成章地成交。大家在举办类似活动的时候要注意节奏的把控，以及专业知识的分析，让客户通过一次活动充分相信客户经理的专业度。

●● 个体户系列活动——"我的养老我做主"（理念沙龙）

一、方案背景

个体工商户大部分没有社保及其他保障，自己做生意也具备一定的风险。大部分个体工商户之所以在年轻时拼命赚钱和存钱，都是因为自己在财务方面的安全感较低。大部分个体工商户没有进行养老资产配置的原因主要有两方面：

一是缺乏专业的理财知识，并不了解如何进行自己的养老资产规划；

二是大部分人总有一种赌博心态，希望通过生意的突然好转，一次性赚取到足够多的资金，再考虑养老资产配置和其他家庭资产配置问题。

对于这样具有较强独立意识的特殊客户群体，我们最好采用循序渐进的方式，从理念方面深化客户对养老的认知，让客户了解到养老资产配置越早越好，养老规划并不会影响生意上的现金流等观念。多案例式的讲解和分析有助于客户深度思考，快速做出购买决策。

二、方案目标

养老理财理念导入、提升客户体验度、产品分析与案例呈现。

三、方案对象

年收入 20 万元以上的个体工商户。

四、执行流程

我们根据个体工商户系列活动的方案背景、目标，以及对象的特点，制定出详细的执行流程（见表 6-2）。

表 6-2 "我的养老我做主"执行流程表

活动阶段	活动内容	活动细则	活动备品
客户邀请	名单筛选，电话邀约	每人定量邀约 3 人	邀请函
信息收集	填写客户满意度调研问卷 邀请客户参加生意面对面体验活动	时间：30 分钟 服务人员：理财顾问、礼仪人员	客户满意度调研问卷 企业面对面邀请卡
体验活动	企业信息面对面： 被抽到的客户向大家介绍自己的店铺地点和主营业务，可以给现场客户打折优惠活动	时间：10 分钟 服务人员：主持人、礼仪、理财顾问	企业面对面邀请箱 嘉宾礼品
专题讲座	理财的基本理念 养老规划的基本要求 养老产品的选择逻辑	时间：30 分钟 讲解人员：专题分享嘉宾	品质养老规划卡
服务追踪	养老资产检视服务 门店宣传拍照服务	等级式追踪	保单检视表 跨界合作信息表

五、方案话术

1. 朋友圈宣传文案

您的生意我不懂，但是我愿意助您一臂之力；

您的生活我不在，但是我愿意为您规划美好。

即日起参加我公司举办的"我的养老我做主"专题沙龙，即可成为优享会员。会员福利多多，等您亲启！

您的福利包括：

免费在众多商家里进行自主合作联盟；

免费获得专属老板养老理财检测服务；

免费定制家庭财富安全提醒套餐；

免费参加年度六次以上的财富交流活动……

更多福利，欢迎致电咨询：××××××××××。

2. 电话邀约话术

××先生/女士，您好，我是××公司的××。您最近生意很忙吧？不知道您有没有关注我在朋友圈发的消息呢？我们公司为了更好地回馈老客户，专门举办了一个关于商户老板的专题活动。您可以在活动上结识很多跟您一样的生意人，可以自主联盟合作，也可以参加到我们给客户的福利社群里。这样一方面可以为您的生意助力，另一方面也可以让您更好地了解到关于企业老板专属的理财资讯。您看您周四还是周五时间方便？我把活动资料和您需要准备的参会资料给您送过去。

3. 现场成交话术

××先生/女士，您刚才对您店里的产品的介绍真是太棒了！我还要多多跟您学习生意经。您对我们今天的活动还满意吗？我们之后类似的商户交流活动会有很多，如果您喜欢参加这类活动，欢迎您经常来。

本次主讲嘉宾讲解的关于养老储备的理念，其实非常适合现阶段做老板的人。既然您给我们的客户提供了这么多的优惠活动，为了表示诚意，我们也会免费赠送您一次家庭财富安全检视。您看您下周三还是周四方便？我去您店里跟您详细分析一下您家庭财富的结构，也可以帮您做好养老规划。

六、方案工具

1. 宣传工具

朋友圈宣传海报、合作商户介绍展架、公司介绍展架、商户联盟活动条幅、养老理念介绍展架。

2. 场景工具

名片夹、企业面对面邀请卡、抽奖小礼品。

3. 营销工具

品质养老规划卡、客户满意度调查问卷、客户服务案例手册。

七、方案点评

首先，在这个活动设计的过程中，我们没有强行地进行产品导入和推荐，也没有引入一些特殊的促销手段，主要原因是个体工商户本身就是生意高手，促销手段在他们眼里很容易被看穿，并且他们会因为这些促销活动和促销模式觉得产品本身并非物有所值。所以针对这些具有强烈的销售敏感度的客户而言，理念的分析和讲解才是获取信任度的王道，因此要强化理念，弱化营销策略。

其次，我们在活动设计的过程中，尽量多使用并导入经营风险以及经营难题的案例。这些案例能够切实地吸引客户的注意力，较好地将他们带入到情境中。只要他们对理念认同了，购买只是早晚的事情，我们需要对这些客户具有一定的耐心。

○● 私营企业主系列活动——"百万手拉手踏青"活动（转介沙龙）

一、方案背景

针对大部分私营企业主工作时间较忙、较难邀约的特点，组织以社交为目标的转介绍沙龙比较符合客户基本要求。私营企业主都是非常精明的生意人，他们的工作大部分时间用来进行社交活动，如果让私营企业主把时间运用在听讲某些讲座上，他们的兴趣点就很难调动，除非我们能够请来像马云这样的大咖，否则单纯依靠专题的吸引力进行邀约就略显单薄。既然私营企业主喜欢结交朋友，我们就可以将沙龙举办成一场以社交活动为中心的专题活动。

同时，针对私营企业主推荐产品，可以更加直接，不需要太多铺垫，活动中可以穿插简明的产品解析部分，促成成交要通过理财规划师与客户之间的一对一沟通来实现。

二、方案目标

1+1转介绍、获取客户信任、理财理念导入。

三、方案对象

年收入50万元以上的私营企业主。

四、执行流程

我们结合活动的方案背景、目标，以及私营企业主的特点和需求，制定出此执行流程（见表6-3）。

表6-3 "百万手拉手踏青"活动执行流程表

活动阶段	活动内容	活动细则	活动备品
活动邀请	老客户电话邀约 转介客户上门送邀请函 朋友圈活动造势	每场活动邀请老客户10人，转介绍10人	邀请函 H5活动说明书
采摘体验	采摘园体验活动 客户跟踪摄影	时间：30分钟 服务人员：理财顾问、摄影师	采摘工具 纸巾 湿巾
社交转盘	百万俱乐部社交互动游戏： 从主持人开始逐一进行自我介绍和企业介绍，将我们的客户经理也融入其中	时间：60分钟 服务人员：主持人、理财顾问	名片夹 小礼品 惩罚转盘
服务建档	对产品有兴趣做过咨询的客户进行建档 对产品无兴趣但对转介绍感兴趣的客户邀请到公司分享产品	时间：60分钟 服务人员：理财顾问	产品说明书 客户建档表 异业合作建档表
业务追踪	明星宝贝选拔赛追踪 产品共享交流会追踪	启动客户服务积分制	高端客户服务体验卡

五、方案话术

1. 朋友圈宣传文案

这个假日，您需要陪伴家人；

这个假日，您需要洽谈生意；

这个假日，您需要结交新友。

没问题，"百万手拉手踏青"活动一次都搞定！您只需要一个人报名，就可以给家人一个惊喜的"Family Day"，给生意伙伴一个特别的沟通时间，还可以一起结交新朋友，谈谈生意，说说理财！这个周末就这么定了！

名额有限，预约从速！

2. 电话邀约话术

××总，您好，我是××公司的×××。看您最近发的朋友圈，我发现您工作非常忙碌。这次公司有一个特别棒的活动，很多老板都参加过并且反馈非常好，这就是我们的"百万手拉手踏青"活动。活动的宗旨就是让您这样的大忙人能够从百忙之中抽出时间陪陪家人，也不影响您结交新朋友。

我们的活动主题是带着家人和朋友一起采摘，给大家营造一种良好的社交氛围，让你们这些成功人士也能互相交流。您看您希望邀请谁跟您一起参加？我是以您的名义给您朋友送邀请函，还是我把两份邀请函都送到您公司呢？

3. 现场成交话术

××总，很感谢您能够参与我们的"百万手拉手踏青"活动。像您这样的成功人士日常工作都会很忙，为了让您的服务体验更好，我们还为您准备了年度放松的系列主题活动，您可以选择您喜欢的活动主题。我们每次活动都是积分兑换制的，您的家庭保单都可以积分，无论是哪家公司的保险都可以转换积分，您还可以根据您的积分兑换我们其他的大客户转介绍服务等。您看您什么时间方便，我可以给您做一次免费的保单检视服务，同时帮您做一个积分累计。

六、方案工具

1. 宣传工具

朋友圈宣传海报、公司介绍展架、"百万手拉手踏青"活动条幅、明星宝贝宣传海报、百万俱乐部服务介绍展架、资产保全理念介绍展架。

2. 场景工具

采摘工具、名片夹、家庭留影墙、"惩罚转盘"。

3. 营销工具

异业合作建档表、产品说明书、高端客户服务体验卡。

七、方案点评

本节中的活动设计主要把高净值客户的社交需求作为核心切入点，同时满足了高净值客户与家人、生意伙伴和陌生人之间的社交，并没有将全部着力点用于公司的产品分析与讲解，而是巧妙地将我们所要传达的理念和产品信息融入活动中，进行深度升级。

在促成方面，因为很多客户都是新客户，不方便现场进行促成活动，所以将促成与服务追踪着重放在了服务期，并且以给孩子选秀和产品服务共享为切入点，这样让大部分客户无理由推托。类似这样的活动只要主办方的组织能力较强，现场氛围较好，都可以吸引客户持续参加后续的系列专题活动。

白领系列活动——"储备未来，赢在当下"（促成沙龙）

一、方案背景

白领阶层都是有想法、懂生活的人，但是财富管理对于大部分年轻的白领而言属于重要却不紧急的事件，大部分客户的理念是等我们赚到钱再理财也不迟。客户之所以没有产生对于理财规划的迫切需求，主要是因为还没有深刻体验到理财的紧迫性，同时会认为理财是有钱人的事，而自己还没有足够的储备进行理财。

本活动策划就是针对这两个问题，从现场活动体验和理念导入两个方面着手，提升白领为自己储备养老保险的紧迫感，培养理财认知。通过对养老理念的分析以及产品讲解，给客户构建"财富规划地图"概念，帮助客户认识到越早理财越轻松，形成客户对理财规划师的认可，有助于后期跟踪促成。

二、方案目标

提升客户活动体验感、培养客户财富观念、产品解读与促成。

三、方案对象

年收入 10 万 ~ 15 万元，有房、有车的白领。

四、执行流程

我们结合方案背景、目标，以及方案对象的特点和需求，制定了完整的执行流程（见表6-4）。

表6-4 "储备未来，赢在当下"执行流程表

活动阶段	活动内容	活动细则	活动备品
活动邀请	朋友圈邀约 老客户电话邀约	每场活动邀约目标 50~80人	邀请函 H5电子邀请函
客户体验	穿越时空的爱恋： 让客户现场化装成老人，穿越扮演自己老年的状态	时间：30分钟 服务人员：主持人、礼仪、摄影师	化装工具包 表演抽签卡
专题分享	储备未来，赢在当下： 做金融产品规划分析，推荐年金类养老产品	时间：40分钟 专题分享嘉宾	财富规划地图
产品促成	赢在当下财富规划交流会	时间：30分钟 服务人员：理财顾问	产品说明书 礼品确认函等
业务追踪	财富规划检视 产品积分解读 年度服务体验	礼品追踪法 额度追踪法 财务追踪法	年度服务体验卡 私人财富规划表

五、方案话术

1. 朋友圈宣传文案

如果来不及一场说走就走的旅行，

您可以跟我一起说来就来的穿越。

繁忙的工作、无趣的社交、痛苦的考核……总要给自己一个休闲喘息的机会。

×年×月×日，相约×××，和我们一起来一场"穿越时空

的爱恋",为自己储备未来,赢在当下!

2. 电话邀约话术

××先生/女士,您好。我是××公司的×××。最近您工作一定很忙吧?周末找个时间出来放松一下吧!我们举办了一场特别有意思的活动,可以让您"穿越"一下,换个心情和视角来应对当下的难题,还可以结识很多新朋友。我把活动邀请给您发过去,您只需要确认一下是自己来还是带朋友来就可以了,我帮您预留位置。

3. 现场成交话术

××先生/女士,您今天的状态太棒了!我给您拍了好多照片,待会儿发给您,您老了的样子还是充满活力的。养老规划越早规划越轻松,今天我们做的财富规划地图我可以给您单独设计一下。我们可以给您免费做一次财富规划的安排,您看您是周三还是周四时间方便呢?

六、方案工具

1. 宣传工具

朋友圈宣传海报、H5电子邀请函、"穿越"拍照墙、公司介绍展架、养老理念介绍展架、产品宣传展架、个人财富地图展架。

2. 场景工具

化装包、表演抽签卡、活动小礼品、财富规划地图。

3. 营销工具

年度服务体验卡、私人财富规划表、产品说明书、礼品确认函。

七、方案点评

白领客户的参与度非常高，他们对新鲜事物永远都保持着极大的热情，而情景剧的表演让他们有身临其境的体验，比传统的讲解模式更容易打动客户。此外，现场照片墙也起到了很好的宣传传播效果。

这个活动的关键要点在于主讲嘉宾和客户经理都要熟练掌握财富规划地图的讲解。白领对理念逻辑的分析理解能力要高于其他客户，所以理念解读的逻辑性和一致性是非常重要的。同时，在以促成为核心目标的活动中，其业务产出的主要时间段就是服务阶段。以年度客户体验活动介绍和私人财富规划检视为后期追踪服务的契机进行约访，就是很好的服务方式。

○● 高端个人专场答谢会——"成就百万，承担信任"（转介沙龙）

一、方案背景

很多业绩出色的营销员拥有非常多优质大客户。这些客户不仅个人购买金融产品，还愿意转介绍客户给客户经理。但是往往在客户转介绍的过程中，总是缺少一个合适的契机，因此新客户信任度的建立就需要更长的时间。

如果可以通过一场活动创造老客户转介绍的契机，又能建立起理财经理的个人品牌，是非常重要的。要让影响力中心客户能够帮忙转介绍，首先活动要有吸引力，能够让影响力中心客户有很好的理由进行转介绍；其次就是活动中要能够良好地塑造公司品牌和个人品牌，让客户觉得把你介绍给他的朋友，他会很有面子。

二、方案目标

老客户答谢、老客户转介绍、服务理念介绍、品牌形象建设。

三、方案对象

影响力中心客户。

四、执行流程

我们根据本活动方案的背景、目标，以及对象的特点和需求，制定出本执行流程（见表6-5）。

表6-5 "成就百万，承担信任"执行流程表

活动阶段	活动内容	活动细则	活动备品
活动邀请	老客户邀约与转介资料发送	每场活动邀约目标30人以内	H5电子邀请函
成功检视	签到墙签到 与老客户合影 个人VCR播放	时间：30分钟 服务人员：摄影师、礼仪	签到墙 个人介绍及宣传资料
专题分享	从业经验分享 年度目标分享 擅长财富领域专题讲解	时间：40分钟 主办人个人讲解最佳	转介绍客户小礼品
财富交流	转介绍客户信任建立 构建交流分享平台 重点客户财富检视	时间：60分钟 服务人员：礼仪、主持人	平台共享分享表 客户信息建档表

（续表）

活动阶段	活动内容	活动细则	活动备品
服务跟进	到会答谢 财富检视	转介绍客户成交追踪	参会照片及礼品

五、方案话术

1. 朋友圈宣传文案

您的努力必将得到嘉奖，您的执着必将赢得信任。

一名保险行业数十年的老兵在此向您致敬！

感恩一路走来所有支持我、信任我的客户！今年是我从业××周年，我为自己设定了更高的挑战目标，也将多年积累的资源进行深度整合，为我的老客户提供更多元化的服务！

×月×日是我的"成就百万，承担信任"个人专场答谢会。届时我将为我今年的新目标许下承诺，我需要您的见证。同时我们也会为新老客户分享我的专业服务规划，期待您和您的朋友一起参加。

如果您愿意给我一份支持，请为我点赞！如果您愿意帮助我，请到活动现场来观礼！我诚挚地邀请每位朋友！

2. 电话邀约话术

××姐，您好，我是××。您最近生意忙吗？您这样的成功人士一直是我的偶像。您也知道我在保险公司工作已经有××年了，这么多年要感谢您对我的支持和信任。今年我实现了个人目标的突破，所以公司奖励我一场个人专场客户答谢会。届时我们会邀请老客户进行平台服务信息共享，您可以与我的其他客户进行交流，希望在我们力所能及的情况下为您提供更好的服务。当然，我也会系统地介绍我们的新老客户财富服务流程和服务内容，希望您可以带您的朋友来，让您的朋友体验一下我们的服务。您看您是自己来，还是带朋友来呢？

3. 现场成交话术

××先生/女士，您好。感谢您参加我的个人专场答谢会！随着从业年限的增长，我越来越坚信客户更关注就是我能给客户提供什么服务。多年来，我累计服务了××个家庭，我希望可以一直在本行业走下去，为更多的客户服务。

我今天给您讲解的服务流程和服务项目，不知道您是否还满意。如果您对我信任，愿意成为我未来的良师益友，您可以填写一份财富检视表，我会跟您预约时间做一对一财富检视。

六、方案工具

1. 宣传工具

朋友圈宣传海报、H5电子邀请函、个人成就介绍展台、公司介绍展架、服务理念展架、年度目标成就展架。

2. 场景工具

签到墙、转介绍客户小礼品、老客户答谢礼、平台共享分享表。

3. 营销工具

客户信息建档表、产品说明书。

七、方案点评

个人答谢会是所有团队都会举办的一种活动形式,针对不同的客户以及不同的目标,答谢会要有不同的活动策划形式。签到墙的设计既能够让整个活动看起来更加高大上,也可以让客户经理与新老客户一起合影留念,作为后续服务的工具。而现场的个人包装以及服务目标的包装则是活动的关键。主讲嘉宾要对自己进行高质量的包装,从服务能力和服务体验上让客户产生双重认可,这对后面的持续成交是非常重要的。

07
精品沙龙营销主讲创新内容设计

角色身份要融通，结构理念逻辑强。
合理解析讲产品，助力导流强促成。

○● 主讲嘉宾是这样炼成的

我们把主讲嘉宾作为一章为大家讲解和分析,主要是因为在精品沙龙营销活动举办过程中,主讲嘉宾扮演着非常重要的角色,他们既要将理念有效地导入给客户,也要结合产品进行深入分析,并运用实战案例为客户解析。客户会根据主讲嘉宾的讲授内容来选择自己是否购买。而一位能力强的主讲嘉宾一方面有助于我们邀约客户,另一方面可以增强营销员的信心。所以在我们提倡的精品沙龙营销活动的过程中,邀请到一位优秀的主讲嘉宾是至关重要的。这也是在精品沙龙营销活动举办过程中,需要一位背景强大且有较强感染力的主讲嘉宾的原因。

然而,在沙龙营销活动当中,我们却不能过分依赖主讲嘉宾。以传统沙龙营销为例,我们过分依赖主讲嘉宾,认为一场沙龙的优劣都取决于主讲嘉宾的能力高低,甚至将主讲嘉宾神化。经过实践证明,过分依赖主讲嘉宾显然不是明智之举。

我曾经带过一个500人的团队。在团队创建之初,我们形成了以大型沙龙为主要盈利产出的基本运营模式。团队非常依赖我作为主讲嘉宾出现在沙龙现场，每次我作为主讲嘉宾出现，沙龙门票都一抢而空，我也曾一度因此而沾沾自喜。

然而天有不测风云，在公司"开门红"之前我突然骨折，紧接着一个半月队伍业绩持续下滑。我与主管进行电话沟通得到的答案却是，所有人都在等我回去以后开一场沙龙挽救场面。

那个时候我进行了深刻的反思：如果一个团队的所有业绩都要依靠或依赖某一个人才能达成高产出，那么这个团队一定是不健康的。

在本书中，我们为大家反复强调精品沙龙。这种沙龙频繁举办的原因是市场的变化，以及客户诉求的变化。随着客户越来越专业，市场划分也越来越精准，客户更希望精准地了解到我们公司能够为他提供的金融服务，以及该产品符合个性化金融需求的关键要点，而大型的沙龙营销已经无法满足绝大部分客户的诉求，这时我们就要频繁地举办精品沙龙，来解决客户服务的难题。这时，再去包装一位实力雄厚、背景强大的主讲嘉宾，对市场的作用并不是非常明显。此时，我们需要足够多的主讲嘉宾，以便应对足够多的场次。

作为金融营销团队，我们现在需要在团队中培养非常多的优秀的沙龙主讲嘉宾，这个过程并没有我们想象中的那么难。实际上，精品沙龙的主讲过程可以想象成将我们日常给客户讲解的内容进行逻辑化梳理之后的呈现结果。

在前面我们提到过，主讲嘉宾不需要将自己包装成多么有雄厚实力和背景的特殊人群。那么主讲嘉宾该如何对自己进行定位呢？

精品沙龙的主讲嘉宾首先要满足客户朋友的角色定位。在主讲的过程当中，他更应该扮演着分享者的角色，所使用的语言也应该更加通俗易懂。其次，为了保证沙龙的质量，主讲嘉宾也需要扮演专家的角色。所谓专家的角色就是在讲解相关专业知识的过程中，主讲嘉宾要能够展现出专家的自信。最后，主讲嘉宾要能够扮演好营销员的角色。因为毕竟我们的最终目的是将产品销售出去，所以主讲嘉宾要能够控得住场，能够用情绪感染客户，用逻辑征服客户，用事实说服客户。

主讲嘉宾需要同时扮演分享者、专家和营销员三个角色，不能过分突出某一个角色。举例来说，有些主讲嘉宾特别容易强化营销员的角色，他们在讲解逻辑和案例分析的过程中，并不是十分出色，但当讲到产品时就变得异常兴奋，有些主讲嘉宾甚至在舞台上表现出类似电视导购的状态，这会让客户产生极大的反感。也有一些主讲嘉宾在舞台上表现出较为出格的专家角色，他们会不断地分析和讲解专业名词，让客户不知所云，完全没有办法建立同理心，最终失去客户的信任，而无法达成营销目标。

那么如何去调整主讲嘉宾在舞台上的感觉，扮演好各种角色呢？勤能补拙用在这里可以说是再合适不过了。

我从24岁开始上台做主讲嘉宾。那时候我没有背景，也并不具备较强的专业能力，唯一与其他人不同是，我听过一位优秀主讲嘉宾的300多场的演讲。我记录和背诵下这位主讲嘉宾讲解的每一个案例和他所展示的每一个细节，同时我在自己公司用同样的PPT演练了近百场。

这个世界上没有什么事是做不到的，只是用心不用心的问题。如果你的专业素养不够强，那么请你站在台上时，要坚信自己就是这一场的专家，要站直并把你的肩膀打开，这样你的气场就可以告诉别人：我有自信，我讲的内容是对的。如果你对你所讲的内容没有十足的信心，请不要在现场提开放性的问题，要确保你所讲的理论和案例，包括你的每一个提问，都是经过精心设计的。这样反复几次，我相信你就会具有专家的自信了。

如果你害怕自己的表达方式不能让客户很好地接受，说明你的顾问的角色扮演得不够好。你可以把自己每次演讲录下来，给你最好的朋友听一听，让他们给你更好的建议。针对同一个案例或者是同一段理论，你可以设计3~5个不同的表述方式，在每一个场合中不断试验客户的反应，找到最适合的那一种。

如果你扮演营销员的角色不够优秀，你首先可以将同一款产品卖给自己的5位客户，然后在客户拿到产品的同时，询问客户当时是自己说的哪一句话打动了他，让他选择购买产品。这样你在讲解产品的过程中就会变得越来越自信了。

作为优秀的主讲嘉宾，如果想长期在舞台上展示出良好的状态，就要不断培养自己的气质，调整自己的讲授形式，并且完善自己的主讲内容。良好的形象和气质可以改善并优化客户对你的第一印象，主讲嘉宾的表达形式能够让活动现场营造出不同的氛围，而内容的逻辑性是吸引客户完整听完沙龙的关键要素。

一、主讲嘉宾的外在形象

我们去观察一个陌生人的形象气质，一般会分为两个部分：一个是内在的气质，一个是外在的气质。对于主讲嘉宾而言，这两条同样适用。如果我们希望一个人能够快速被别人认可，最快捷有效的办法就是优化他的外在形象，要让他首先看起来像一位优秀的主讲嘉宾。如果我们希望培养一位能够长期在舞台上被客户认可的主讲嘉宾，内在气质的养成才是最重要的。

外在形象的培养主要包括仪容仪表、站姿、神态、手势这四个核心方面。

1. 仪容仪表

首先，仪容仪表要做到与现场的客户经理有所区别，这样可以最大限度避免客户以貌取人，导致对主讲嘉宾不信任。

其次，仪容仪表要符合当天所举办沙龙的主题。比如举办一场国学的专题讲座，男士穿中山装或者唐装，女士穿旗袍，都是非常适合的。

最后，仪容仪表要符合主讲嘉宾的个人特征。举例来说，如果男士的身高在175厘米以下，可以穿一双尖头的皮鞋，因为这样会有延伸感，把人的身体拉高；如果男士身高在185厘米以上，就不要穿尖头皮鞋，因为看起来会晃，会给客户一种不稳重的感觉，可以穿圆头的皮鞋。女士就要学会根据自己的服装搭配不同的首饰，既不能过于烦琐，也不能不戴，同时女士也要结合场合化淡妆。

2. 站姿

"站如松坐如钟"这句话相信大家都听过，而在培养主讲嘉宾站姿的过程中，往往会出现三种情况。

第一种是"僵尸站"。

有的主讲嘉宾会一直站在讲台后，双手扶讲台，不愿意走出讲台与大家互动。这种站姿让人看起来过于呆板，也会让主讲嘉宾和客户之间形成较大的距离和隔阂。

由紧张而引起的僵硬站姿，可以通过不断地练习来解决。对于这种主讲嘉宾，主要克服的是紧张情绪。

第二种是"钟摆站"。

这种站姿就是左右摇晃，有的人是轻微幅度的上半身左右摇摆，有的人是全身大幅度地左右摇晃。大家可以想象一下这个画面，这种站姿特别容易让台下的客户产生困倦。这种站姿的产生往往是在主讲嘉宾无意识的情况下发生的。

解决这个问题的比较好的一些办法是，让自己的同事帮忙提醒，经过十几次以后，自然会得到很大改善。

第三种是"舞步站"。

这种站姿指的是主讲嘉宾在讲台上没有办法保持安定，而不断地变换位置，就像明星在舞台上跳舞一样。这种站姿往往都会让客户感觉主讲嘉宾的肢体语言幅度较大，会把注意力都吸引到主讲嘉宾的肢体语言上，而忽略内容。

解决这种行为最简单的方式就是靠墙站，主讲嘉宾每天保持靠墙站半个小时，大概一周后主讲嘉宾在讲台上的站姿就可以更稳定。

3. 神态

我特别喜欢郭德纲说的一句话："单口相声是最难讲的。"要把听众带入一个情景，还要一个人把故事、人物、环境都呈现出来，这件事真的很难。

主讲嘉宾其实就是一名单口相声演员，要通过 40 分钟的时间，把所要传达的理念、故事以及案例有声有色地展现给客户，所以主讲嘉宾的神态表情的表现力是非常关键的。这种表现力主要通过主讲嘉宾的情绪变化以及面部表情的变化体现出来，从而将客户带入我们所陈述的故事中。

如果沙龙的主题是"可憧憬的养老生活"，那么主讲嘉宾看起来一定是非常放松和有所期待的；如果需要向客户展示一组非常严峻的数据，那么主讲嘉宾的表情就要严肃，可以让客户感受到态度的严谨和形势的严峻。这种神态和表情的变化，需要在不断地实战演练中进行积累。主讲嘉宾可以通过参加一些演讲活动和话剧表演，加强自己的表现力和感染力。

4. 手势

在众多的情感和肢体语言中，有一种表达方式经常被用到，并且也非常重要，它就是手势。在手势的应用中，主讲嘉宾经常会犯的错误包括无手势动作、夸张的肢体语言、错误的手势使用。

第一种：无手势动作。

对大部分人来讲，其最容易出现的情况是不敢做太大的手势动作，于是就展现出紧张的僵硬状态：两手紧握麦克风，全场无任何指示行为。这种因过于紧张而导致的无手势行为，要通过经常演练讲课来改善。如果主讲嘉宾能够将自己完全融入所讲解的内容中，就可以自然而然地放松，也就会较好地用手势进行表达了。

第二种：夸张的肢体语言。

在肢体语言的使用中较难处理的就是过度夸张的肢体语言，因为过度夸张的肢体语言会导致主讲嘉宾的动作幅度过大，分散客户的注意力，会把客户从所讲授的内容中不断地打扰和带出。

一般来讲，正确的肢体语言使用范围是在鼻子以下肚脐以上的正方形区域内，根据所讲授的内容进行小幅度的具体发挥。

第三种：错误的手势使用。

更难处理的问题，就是错误的手势使用。比如，有些主持嘉宾在讲台上会使用"手指枪"指向客户，或者在无意识中使用了错误手势等。这就需要主讲嘉宾在生活中不断地积累经验，避免一些错误手势的使用给自己带来不必要的麻烦。

主讲嘉宾的外在形象和气质，可以通过短期的训练来改善，这也是大部分在主讲嘉宾培养课程中都能够快速实现的。只要满足最基本的讲台能力，主讲嘉宾就可以通过较多的实践演练，不断夯实自己的技能和完善自己的外在形象气质。

我们都说"台上一分钟，台下十年功"，如果主讲嘉宾想要在台上站得更久，获得更多客户的认可，那么更重要的是要提高自己的内在修养。

二、主讲嘉宾的内在修养

无论我们要成为优秀的主讲嘉宾，还是希望成为金融行业的常青树，不断地增强在修养都是必不可少的。在这一部分中，我会跟大家分享我个人的一些成长经验，希望对大家有所帮助。

我将主讲嘉宾的内在修养分为四个能力：学习力、影响力、感召力、整合力。

1. 学习力

"活到老，学到老"这句至理名言，相信每一个人都耳熟能详的，但工作的繁忙往往都会成为我们放弃学习或无法持续学习的借口。然而，现代社会的变化速度和金融行业产品的变革速度之快，都为我们敲响了警钟。作为金融行业的从业者，我们如果不能保持持续有效的学习力，必将被这个市场淘汰。

学习一般分为两个模块。首先是金融行业本身的专业知识学习。大家可以通过考一些金融行业的从业资格证，进行有效的系统化学习。其次是跨行业的学习。因为我们的客户来自于不同的行业，所以我们要对不同的行业都有所了解。跨行业的学习能够帮助我们拓宽视野，打破思维盲区，提升我们的思考能力，并让我们跟客户讲解分析案例时更具有可信度。

在众多的学习方法中，我个人比较推荐的是系统化知识学习与碎片化学习。

对于成年人而言，每一个人已经形成了属于自己的知识系统，我们要做的就是不断地拓宽知识系统的边界，并且完善知识系统的内容。如果我们的知识系统是一棵大树，我们可以通过专业领域的论文、著作等阅读将树根扎得更深，可以通过阅读其他领域的资料和信息让树的枝干的延展范围更广。

碎片化学习主要是针对现代忙碌的工作状态。现在的上班族很少有人能够有大量的时间和精力进行某一领域的研究，但是信息的爆炸性和传播途径的多样化给了我们碎片化学习的可能。大家可以养成在上班途中听书，在睡前看两篇专业性文章，在午休结束后阅读一篇行业新闻等习惯，这些都是碎片化的学习和知识给养。

2. 影响力

影响力简单来说就是对主讲嘉宾的包装。对于一些新的主讲嘉宾，我们可以通过专业资格证的包装，让客户对他产生信任。对于一些行业内优秀的主讲嘉宾，我们可以重点包装他的服务案例、个人理念甚至是他个人出版的作品等。

主讲嘉宾影响力的逐渐提升，就是个人在该行业内的从业经验以及做出的贡献。这方面的积累很难一蹴而就，只能依靠目标的不断完善。

3. 感召力

我经常讲的是"行正念，做正事"。这些年来，无论是媒体还是金融行业，很多人通过哗众取宠和蹭热点的方式，让自己变得更知名，进而赚取相关的经济利润，其中不乏半路"翻车"的案例。

作为金融行业的主讲嘉宾，具有良好的职业道德，是我们能够持续为客户服务和在讲台上获得尊重的关键。

第一，行正念。

行正念指的是我们在讲台上不可以讲黄色或负面消极的内容。近些年有些主讲嘉宾靠通过在讲台上讲解黄色笑话来获得关注，也博得了所谓的"大师"称号，但这种情况是非常恶劣的，严重地侮辱了"为人师表"四个字，虽然在短期内获得学员的快乐反馈，但这无疑是一种哗众取宠的行为。

在讲解的过程当中，也会有主讲嘉宾刻意夸大社会的负面案例，通过制造恐慌来进行产品销售。这些行为虽然在短期内可以给我们带来经济利益，但是客户经过仔细思考后，就会对我们的主讲内容产生怀疑，甚至质疑我们的产品。

主讲嘉宾要始终坚信金融产品是帮助客户解决生活问题的。主讲嘉宾可以通过有效的规划帮助客户设定家庭金融杠杆，真正实现健康无忧、学有所成、老有所养、理财有道的愿望。只有主讲嘉宾能够坚定地以正念来引导客户，才可以让客户对我们更加信任，从而提升成交率和客户黏性。

第二，做正事。

做正事主要针对个人的日常行为。事实上，主讲嘉宾是否做正事，并不会影响主讲效果的好坏。但近些年"人设崩塌"的报道层出不穷，大部分的人设崩塌都是因为当事人言行不一。主讲嘉宾要做正事，努力做到言行合一。因为人生最高的修炼就是"知信行合一"。

所以，主讲嘉宾要做到行正念、做正事，不断提高内在修养，赢得客户的尊重，从而逐步强大的感召力。

4. 整合力

正如我们在前文所说，金融与其他行业之间有着千丝万缕的交集和联系。主讲嘉宾如果希望将复杂难懂的金融概念以通俗易懂的方式呈现给客户，最直接有效的方法就是与其他行业的案例以及故事进行整合。例如，金融可以与教育、养老、医疗、经营等各方面相关联；主讲嘉宾在讲解产品之前，也有效地将产品与客户的生活场景、工作场景结合在一起，用客户听得懂的语言来分析讲解我们的专业术语。相信这样的主讲嘉宾，每一位客户都会非常喜欢。

作为内外兼修的主讲嘉宾，我们需要对金融行业有深的研究，同时不断地改善自己的外在形象，让用户更容易信任我们。我们还要成为优秀的演讲者，懂得各行各业的专业知识，能够将我们所讲解的内容融会贯通，用更生动有趣的表达方式，让客户快速了解我们所传递的理念。

三、主讲嘉宾应具备的能力

要成为优秀的主讲嘉宾，不仅需要在外在形象和内在素质方面进行改善，应该更注意每一场演讲的表现形式。

正如本章前面所讲述的一样，优秀的主讲嘉宾需要在短时间内将客户带入到某一个场景中，并且通过案例的讲解和分析，把我们所要传达的理念分享给客户，所以说主讲嘉宾是优秀的演讲者。

优秀的演讲者必须具备五种能力：演讲能力、引导能力、演绎能力、分析能力、促成能力。

1. 演讲能力

主讲嘉宾在台上以演讲者的身份在传递信息。优秀的演讲者可以将客户的注意力完全集中在自己要传达的理念和信息中。要达到这一效果，就需要培养和锻炼演讲的基本能力。这些基本能力主要包括语言的处理、表情和情绪的带入，以及演讲者的PPT有效应用

07 精品沙龙营销主讲创新内容设计

几个方面。

语言处理能力就是在演讲中要注意语音语调的抑扬顿挫以及演讲节奏的快慢。平缓不变的言语调会让客户觉得无聊，过多的口头禅也会分散客户的注意力。主讲嘉宾可以通过朗诵或者讲故事的方式来锻炼自己的语音、语调、语速。同时，主讲嘉宾也可以通过自己的表情和情绪的代入，同语言进行配合，不断调整演讲的节奏。

对于初学者而言，他们容易犯的错误是把注意力都集中在主讲的PPT上，最终就变成了读PPT而不是讲PPT。这种情况是极其糟糕的，因为客户会觉得主讲嘉宾毫无专业性可言。所以主讲嘉宾在上台演讲之前，要将PPT的逻辑有效梳理并记忆，让PPT成为演讲的辅助工具，而不是主角。如果要提升演讲能力，也可以参加一些演讲与口才的培训班，进行深度学习。

2. 引导能力

引导能力是金融行业主讲嘉宾所需要特有的能力。优秀的主讲嘉宾不是通过教育的方式让客户认可，而是通过引导的方式让客户自己寻找答案。

我们需要将所有的问题都做好设定，促使结果是客户自己感悟或者总结得到的。通过引导的方式让客户产生自我认知，潜移默化地将理论植入给客户，这是将客户快速带入场景的最有效方法。

如果我们希望将客户带入某一个场景，就可以通过讲解案例的方式，引导客户与我们进行同频思考。

我有个朋友是做生意的。夫妻俩前半生非常辛苦，现在家族企业做起来了，固定资产 4000 多万元，孩子也大学毕业了，结婚、买房，日子过得很不错。对于他们夫妻俩来说，这些资产足够养老，但这对夫妻还是非常努力去打拼，依然保持着年轻人的工作状态。这让我很疑惑，我就问他们为什么。各位在座的为人父母的嘉宾，能告诉我这是为什么吗？

相信这样的提问所得到的答案一定都是"为了孩子"。这就是通过情景化案例以及问题设定的引导，让客户得出我们想要的答案。如果只是希望客户与我们保持同频，那就可以通过提问的方式将引导客户到我们所关注的焦点上。

提问也可以用引导性提问的方式：请问家庭资产分别为 10 万元、100 万元、1000 万元的客户，哪类客户抗拒风险的能力强？这样的问题既可以圈定答案，也把客户引入思考风险管控的关键理念中来。

这里要注意提问的方式，尽量避免开放性问题。因为在绝大多数情况下，主讲嘉宾很难控制开放性问题的答案。过多的开放性问题，只会让主讲嘉宾更难以处理现场的突发事件。

综上所述，主讲嘉宾在讲述的过程中，不能一味地讲解理论，而是通过引导的能力让客户得出正确的答案，这样客户的记忆才会更加深刻，效果也更好。

3. 演绎能力

演绎能力就是学会讲故事，并且将我们所要传播的理念通过故事总结分析给客户，让客户通过记住故事而记住理念。一场活动结束，客户记忆最深刻的就是我们所讲述的故事。一场讲座结束后，很少有客户会将主讲嘉宾所讲解的理论记录进行整理，并且告知身边的人学到了怎样的理论，而大部分的客户会将讲座中有趣的故事案例讲解给身边的朋友。好的故事一定要具备简洁、转折、顿悟的基本特征，好的主讲嘉宾可以将故事讲解得生动、容易记忆、可传播。

将故事讲述得生动，让客户能够记得住，并且愿意去传播，是考验一名主讲嘉宾专业能力的核心要素。

在故事的讲解过程中，要避免讲解与故事主线无关联的复杂信息。比如有些人在讲解故事中，经常会出现流水账式的讲解：我跟我的朋友说了什么，然后我的朋友又跟我说了什么，然后我又说了什么……如此拖沓的讲解方式，只会将客户的注意力分散，最终忘记我们所要讲解的核心内容。

所以一个故事的讲解时间尽量控制在两分钟以内。故事讲解结束，主讲嘉宾要针对故事的内容进行总结，要告诉客户我们为什么要讲这个故事，以及通过这个故事得出了怎样的结论。这样一场演绎就可以完美地结束了。

4. 分析能力

沙龙的目标就是将营销员没有办法有效传播给客户的大量信息，通过归纳整理，有逻辑性地向客户进行分析和讲解。所以作为主讲嘉宾，从某种程度上来讲，是要将意义处理进行前置的，逻辑清楚且完整讲解，可以让客户更好地理解主讲嘉宾所要表述的基本理念。

例如，讲财富传承的时候我一般会讲"富不过三代"的问题。我国目前是"富一代"和"富二代"的交接班阶段，那么这一代人的传承方式就会成为家族的传承基因，所以我们说传承并不是财富的传承，而是思维模式的传承。

真正的家族财富传承方式有哪几种呢？总结来说有空间转移、社会转移、继承式转移三种方式。空间转移方式的一种是直接将现金给孩子，一种是给孩子购买房产等大额固定资产；社会转移主要包括社会名誉资产转移和社会基金资产转移；继承式转移就是以法律合同为方式来转移资产，包括信托和保险。

在这个过程中，我将所有的资产转移方式进行了归纳总结，并且针对不同的资产转移方式的风险进行分析和讲解，最终可以引导客户发现最廉价且有效的转移方式是通过保险进行家庭资产传承。这样就可以避免在促成过程中客户提到相关的资产传承方式与我们所要营销产品之间进行对比，而营销员无法解释的尴尬情况。所以较强的分析能力可以让促成变得更加高效。

5. 促成能力

任何一场沙龙都是以结果为导向的，如果主讲嘉宾讲解的内容非常好，却不能够形成现场促成的业绩，那么活动本身就是无效的。所以主讲嘉宾应该具有一定的现场促成能力。这里我们所说的促成能力，并不是主讲嘉宾要帮助客户经理与客户进行一对一面谈，而是主讲嘉宾利用讲解的过程观察客户反应，并且在现场与客户形成有效互动。相信很多人都会有这样的经验，主讲嘉宾与现场客户互动得越频繁，该客户的成交率就越高。这需要主讲嘉宾具有较强的客户心理把控能力，以及对产品的分析解读能力。

以上五种能力的培养是通过不断地实践演练来强化和完善的。

一名优秀的主讲嘉宾要清楚自己的弱项,并不断地进行强化。主讲嘉宾的经验越来越丰富,其在现场处理相关的问题也才可以表现得游刃有余。

四、主讲嘉宾的注意事项

1. 客户心理把控放第一

主讲嘉宾舞台控场能力主要体现在对客户的心理把控上。主讲嘉宾应该时刻关注现场客户的神态,以及对所讲内容的关注度。如果客户的注意力完全都集中在主讲嘉宾身上,那就可以将内容讲解得更加透彻和清晰;如果客户已经开始玩手机或者注意力涣散,就需要讲一些笑话或者有趣的事情将客户的注意力拉回来。所以,主讲嘉宾要结合不同的客户心理,以及不同现场的情况,针对同一套PPT,要准备出几套不同的方案,这样就可以做到有的放矢,牢牢地抓住客户的注意力。

2. 高低结合身份两相宜

主讲嘉宾的身份和背景是由主持人进行包装的,所以作为主讲嘉宾,在讲解的过程当中不能过分地包装自己。较为低调的自我介绍与客户的同理心构建,能够让客户更容易接受我们。主讲嘉宾自我介绍的时间不要超过一分钟,并且在自我介绍的过程中一定要结合主题,介绍自己与本次分享相关的背景即可,与主题不相关的个人履历都不需要介绍。

3. 前后贯穿内容相呼应

一场精品沙龙营销活动要给客户明确地传达一个经典理念,所以主讲嘉宾讲解的内容一定要做到前后呼应、逻辑连贯。一方面要保证阐述的核心观点与论证的维度能够呼应，另一方面要保证产品分析与核心观点相呼应。

这种呼应首先是逻辑上的前后呼应。举例来说，我们讲解养老的账户储备，要分析养老金越早储备越轻松，要强调有专属的养老账户，要保持养老金的流动性和保值增值。那么我们在分析产品的时候，就重点分析产品的专属性、流动性、缴费低且收益高几个标准特征，这样就可以做到逻辑上的前后呼应。

其次是举例上的前后呼应。我们在考察各家公司组织的沙龙营销活动时经常遇到的情况是，理念分析以工薪阶层的储备及痛点为主，但案例解析的采购金额远远超出客户的承受能力。前后差异度较高会给客户造成认知偏差，虽然描述了痛点，却无法解决客户的问题。所以主讲嘉宾要提前做好主讲内容的规划，确保理念、案例和产品结构都能够前后呼应。

4. 案例解析经典有内涵

一场精品沙龙营销活动主讲的内容最容易被客户记忆的就是我们所分析讲解的案例，因此主讲嘉宾的案例设计要确保时效性、引导性和趣味性。时效性是指在讲解过程中所应用的案例要具有时效性，2020年了，就不能用2010年的案例，陈旧的案例会让客户觉得我们不专业，也无法说服客户。

引导性是指我们在举例的时候，客户会被带入情景当中，所以，案例的主人公最好跟客户具有相似度。比如，我们给企业老板们讲解理财观念，那么案例要说的也是企业老板面临的困境，不要去分析普通上班族的财富危机。

趣味性是指案例要让客户喜欢听，有趣的故事会引发客户思考，让客户愿意传播。如果在一场活动中，我们讲解的案例都是负面的，给客户带来消极的情绪，那么客户也会主动地回避我们讲解的理念。

5. 时间把控精准留悬念

时间把控一定要精准。一场精品沙龙营销活动的主讲要控制在 45 分钟之内，因为这个时间是成年人心理接受的最佳时间段。超过 45 分钟之后的时间我们称之为"垃圾时间"。

很多初阶主讲嘉宾很难把控自己的时间，特别容易超时，这种情况往往都是主讲嘉宾自己的言语表达重复导致的。这就需要主讲嘉宾录制自己的沙龙主讲现场视频，并反复精练自己的预演。还有一种情况是主讲嘉宾由于紧张，有些部分没有很好地展开，导致时间较短就结束了。这种情况建议主讲嘉宾可以根据要表述的内容多设计几个案例，从不同的角度剖析论证自己的观点，这样就可以根据现场客户的情况，游刃有余地把控时间了。

6. 合力导流流畅有节奏

主讲嘉宾要能够吸引客户的注意力，让客户在全场都能够跟着主讲嘉宾的思路去思考。在这个过程中，主讲嘉宾可以与现场的理财经理相配合，也可以与客户互动。与主讲嘉宾互动最多的客户一定是听得最认真、体验度最高的。

优秀的主讲嘉宾一定要进行好内容的设计，现场的整体氛围和客户的认识度都是我们设计出来的。主讲嘉宾不能沉浸在自己的表演里，整个活动现场才是舞台，只有跟现场所有的客户和工作人员一起有效互动，才有机会最终实现营销目标。

○● 主讲内容逻辑设计与梳理

沙龙主讲专题是整场精品沙龙最核心的信息呈现板块，专题内容要确保能吸引客户聆听，引导客户思考，改善客户认知并最终完成营销目标。所以专题的设计一定要非常具有逻辑性，案例的导入也要符合论点需求。一般专题讲座的时间需要控制在45分钟之内，所以专题内容不宜过于分散，所有的论据都要集中到一个核心论点，把我们所要表达的理念以最高效、最有力的方式让客户记住。

一般主讲嘉宾的讲解分析内容可以分为建立坡道、理论论证、产品分析、促成成交四个板块。本节中我们重点分析这四个板块之间的逻辑关系以及分享时长，协助大家梳理一套通用的主讲逻辑框架。

一、建立坡道（时长3~5分钟）

在主讲嘉宾开场的讲解中，可以通过构建坡道与客户建立同理心，好的开场是成功的保证。主讲嘉宾应该在3~5分钟内让客户对我们的分享内容产生兴趣，这就需要很好的开场设计。一般而言，开场分为两个部分。

第一部分：主讲嘉宾的自我介绍。

主讲嘉宾进行自我介绍的时候，切忌过分包装自己。简洁明了地进行自我介绍，建立亲和的客户关系，会让客户更加喜欢我们。

各位嘉宾：

  大家好！我非常高兴能够与大家进行接下来的交流。来到会场之前，理财经理告诉我今天来跟我们一起交流的都是当地非常具有智慧的企业家。我本人从事理财工作十余年，发现大部分关注理财并且财富管理做得好的，都是像各位一样的优秀企业家，我想这就充分论证了越优秀的人越优秀吧！所以今天也想把我与其他客户一起沟通交流的一些理财心得和大家分享。

  上面这段简短的介绍一方面把客户放在了较高的位置，另一方面阐述了自己的理财工作经验，非常平易近人又不失体面，给客户的感觉也是恰到好处。

  第二部分：开宗明义。

  自我介绍结束后，就要快速导入正题，我们把这个部分叫作"开宗明义"。这部分要快速让客户知道我们今天的目的是什么，主讲嘉宾打算给大家分享的专题是什么，因此，这部分也叫作"立论"。

  有时候客户会遇到一些讲座讲了十分钟还不知道主讲嘉宾要表达什么思想，阐述什么理论，最后客户的兴趣也逐渐被消磨掉了，无论后面的内容讲得多么精彩，都无法引起客户的兴趣。

  那么如何通过两分钟的时间激活客户的兴趣点呢？主讲嘉宾可以借助一些时事趣闻、寓言故事、互动答疑等方式进行导入。大部分客户对于理论的敏感度会比较低，对于故事会更感兴趣，所以故事的选择一定要正面、有趣、有顿悟感，这需要主讲嘉宾的精心设计。

二、理论论证（时长 20 分钟左右）

主讲嘉宾抛出主讲的专题以后，就要进行理论论证，这很像我们写作文中的总—分—总的结构。一般情况下，主讲嘉宾会选择三个有力的论据来论证专题。那么这三个论点的论据来自于哪里呢？在主讲专题的设计中，就会用到 FABE 销售逻辑。

1. F（Features，产品的基本特征）

主讲嘉宾通过 F 来确定要讲解的金融产品。对于目标客户而言，要让他们明确我们讲解的产品具有怎样的金融属性。举例来说，我们要针对宝妈销售一款教育金保险，那么这个年金类保险的 F 在本场专题里就是教育金。

2. A（Advantages，产品优势）

主讲嘉宾要结合产品的特征找出产品具有的三个 A，这三个 A 一定是目标客户更在意也是最有助于促成的优势。一般而言，一款产品有非常多的优势，主讲嘉宾要结合客户的特点来分析。用教育金举例：专属的教育金账户、稳定的增值账户、可抵押贷款的大额流动资金账户是教育金的三个产品优势。

3. B（Benefits，客户的利益）

主讲嘉宾要分析 B，也就是为什么客户会对产品优势感兴趣。一个人选择购买一款产品一定是希望产品解决某些问题，而这些问题就是客户痛点。

如上述教育金的案例可以有下列痛点：

痛点1——教育金储备无专属账户，隐性风险很高；

痛点2——教育成本逐渐增长，教育金不仅包括学费，还有各种学杂费和课外辅导班的费用；

痛点3——教育属于稀缺资源，越好的学校越贵，万一孩子考上好学校，家中没有储备资金怎么办？

4. E（Evidence，产品案例）

主讲嘉宾要对 E 进行分析，就是结合客户现场的购买能力来决定产品案例设计的缴费金额以及缴费时间，为客户演示实际利益。

做好 FABE 的产品分析以后，主讲嘉宾就可以逆推专题讲座的逻辑。在理论论证的这个部分，适用的方式是 B—A 的讲解结构，也就是讲一个痛点，引发一个解决方案，三个解决方案合成专题解决方案，最终导出产品。

按本章节的案例来解析，论证结构应该是以下的模式。

论点1：教育金不可有风险。

论据：很多家长做生意投资总觉得自己手头的资金充足，但孩子的教育是无法承受企业运营或者家庭重大风险的，要做到专款专用。

结论：每个孩子都应该有一个属于自己的教育金账户。

论点2：教育金是持续增长的。

论据：随着孩子年龄的增长，孩子要见的世面越来越大，需要的教育配置资源也越来越多。现在很多高校不仅考察孩子的基础知识掌握的能力，也考察孩子的综合素质。

结论：教育金应该随着孩子的年龄持续稳定地增长。

论点3：教育是稀缺资源。

论据：为什么很多家长要送孩子去更好的大学？因为好的学校不仅是师资优质，学生资源也是优质的，但是好的学校所需费用高。

结论：给孩子储备一笔可以贷款的教育金。

这三个部分的论证刚好从三个不同的方面分析了现代家长在教育金储备过程中的三个误区，也恰巧落在产品的核心卖点上。这样的结构就是通过对FABE的精准分析设计出来的。

三、产品分析（时长10~15分钟）

产品案例的分析，一定要注意与客户的购买能力为案例的设计依据。产品分析中的案例金额设计得过高，就会导致客户认为自己无购买力，放弃与我们的继续接触；案例金额设计得过低，会让客户感觉收益并不可观，无法解决他们面临的问题，最终放弃购买。主讲嘉宾的产品解析非常重要，不仅是有没有把产品讲清楚那么简单，而是能不能让客户产生购买欲望。

另外案例的分析一定要紧扣主题，也就是在讲解案例的时候，要结合之前的理论分析和论证，让客户明白我们的产品是专门为客户解决以上问题的。

四、促成成交（时长3分钟左右）

这部分主要是进行归纳性总结，并且从主讲嘉宾的角度来促成客户的购买。主讲嘉宾不要以产品购买的打折活动或者送礼品活动为依托来讲解这个板块，而应该从一个专业的角度来吸引客户购买，可以用一句至理名言或者一位专家的理念作为结语，引发客户的思考。例如，我们要传承给孩子的不仅是财富，而是一种思维方式。巴菲特说："我不会留一大笔钱给我的孩子让他一无是处，但我会留足够的钱让他一展抱负。"

这种由一个逻辑链条贯穿主讲过程始终的主讲板块设计，非常容易吸引客户的注意，最重要的是方便客户记忆。

主讲专题的设计切忌恐吓客户，或者只讲一些很粗浅的理论。客户只会为了希望而埋单，不会为了恐惧来埋单，如果主讲嘉宾在专题讲座里设计了太多负面的案例，告诉客户如果不买产品就会有什么"麻烦"，我相信大部分的客户都不愿意购买，这种购买行为和记忆也会让客户觉得不舒服。但是如果主讲嘉宾讲的都是通过产品给客户带来美好生活的案例，通过合理的财富配置能够实现客户的某些愿望，客户一定会非常愉快地埋单。

另外，大部分主讲嘉宾在教育别人为什么要购买保险，却很少有人告知客户如何正确地选择产品。现阶段的市场已经不再是以往那种粗放式的金融市场，客户不再需要入门级的普惠金融教育，大部分客户是已经有过采购经验的，他们更希望通过一场专题讲座了解为什么我们的产品才是最适合他们的。这就需要主讲嘉宾在讲解的时候注重逻辑结构的设计，有力地论证我们所要阐述的核心观点。

● 精品沙龙营销主讲内容设计——以保险沙龙为例

一、年金保险沙龙内容设计——保全篇

1. 客群分析

资产保全类产品主要针对的是私营企业主以及部分个体工商户，这类客户普遍存在的问题就是经营性风险与家庭风险，并且其中大部分客户的资产保全意识以及资产保全能力并不是很好，日常工作忙也会导致他们无暇进行金融资产的管理。如果产品解析以及专业能力分析能够获得该类客户认同，现场成交率将会非常高。

针对该类客户，尽量选择短期缴费、现金价值较高的产品。该类客户一般都比较喜欢短平快的投资、流动性较强的产品，而短期缴费则可以满足客户快速投资的心理诉求。

结合该类客户的基本情况，我们分析客户存在以下几个核心痛点：

第一，日常企业经营风险与家庭财富风险无法有效分割，家人和孩子与客户同时承担企业投资运营风险，需要通过资产保全的账户隔离方式进行家庭资产与企业资产剥离。

第二，客户个人资产配置没有良好规划，往往注重现金流高于注重综合资产配置，投资也更偏好高收益高风险类产品，没有做好合理的家庭资产配置，追踪利润高于理财目标。

第三，该类客户大部分已经意识到要做好家庭资产传承的规划，也明白需要通过合理的资产配置规避传承风险，但是没有合适的渠道和产品来完成这个目标。

2. 逻辑模型

通过对该类客户的综合情况分析，我们总结出以下沙龙主题论证模型，供大家参考（见图7-1）。

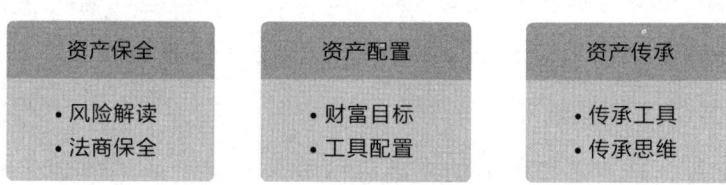

图7-1 企业主客群分析逻辑模型

3. 案例导入

接下来我们来解读一下该逻辑模型中要阐述给客户听的基本理念以及经典案例。

我们要让客户明确这场活动的最终目标是讲解资产保全的概念，所以应该先跟客户解读什么是理财。所谓理财，就是通过各种工具的有效组合，以获得长期而稳定的收益。它跟投资无关，更与投机不同。

很多人表面上很有钱，但他们花钱的速度非常快，负债也非常多。生意人的公司一旦经营不善，资产被冻结和瞬间蒸发都是非常可怕的。所以，作为一个普通人也好，生意人也罢，学会理财才可以让我们赚到的钱真正属于自己。

如何理财才能让财富真正属于自己？

财富管理的第一要素就是做好资产保全。相信每个生意人都非常清楚什么是赚血汗钱的辛苦——别人的节假日就是我们的辛苦日，别人的休息时间就是我们的赚钱时间。很多人都觉得当老板很好，但只有老板自己知道，每天都要担心水、电、煤气有没有关好，担心自己的商品在同市场上的控价做得如何，担心会不会有员工突然跳槽，担心国家政策最近有调整，会不利于自己的行业，等等。做生意就避免不了无时无刻面临着自然风险、法律风险、政策风险、财务风险、市场风险等。

但这些并不是最可怕的，最可怕的是生意上的风险会无线延展到家庭中。大部分企业老板都在承担着无限责任，只要生意需要扩营，需要囤货，大家就会毫不犹豫地用自己的房产、车等作为抵押来贷款，这就让家庭和企业之间毫无隔离保护，家庭资产也会与企业资产一起承担非常大的多元风险，这也会让企业经营更加有压力。

要解决这个问题，最简单的方式就是在家庭资产和企业资产之间构建一道受法律保护的防火墙。根据《中华人民共和国保险法》的相关规定，任何单位或个人都不得限制被保险人或受益人取得保险金的权利。简单来说，就是收益权大于债权大于继承权。因此，保险金是真正属于家庭和个人的专属资产。这样，我们可以通过专属性资产账户的建立来实现有效的资产保全与风险隔离。

专属的资保全账户如何建立？

就像我们做生意一样，任何一笔资金的使用都有其价值和目标。理财尤其注重目标，家庭财富规划的几个目标分别是子女教育、品质养老、健康保障、资产传承。

在这几个目标里，我们会运用到的金融杠杆和产品结构都有所不同。举例来说，品质养老更注重养老资产的安全性以及流动性，因此高收益高风险类的产品就不适合做养老规划。一般我们会建议客户在给自己储备养老金账户时，遵循本金安全、稳定增值、品质保障、关注女性、结合传承这几个基本特征来进行配置。

在资产配置中没有工具的好坏，只有配置的优劣。每个客户的诉求不同，金融资产的配置结构就有所不同。我们会详细分析每种金融产品的特性以及适合的理财目标，让客户自己做出最优选择，只是在配置的过程中，我们会更强调安全稳定理财的终极目标。

关于传承。每位企业家为之奋斗的一定不仅是自己的梦想，还有对企业传承的期望。其实很多人在年轻时候就实现了自己的梦想，随着公司的发展越来越迅速，市场变化越来越快，大部分企业家更希望把握机遇，能够从自己这一代打好坚实的基础，将企业传承给下一代，真正打造家族式可传承的百年老店。

有一句老话叫作"富不过三代"。为什么会有这样的一句话流传下来呢？如果我们传承的只是金融资产，的确很难做到"富三代"，因为再多的家族资产都经不住挥霍，所以，真正得到传承的是思维模式和行为习惯。

我相信每位企业家都知道思维模式和行为习惯在企业中的重要性。在家族财富传承的模式中，可选择的有空间式财富转移，包括直接转移现金或者购置大额资产；社会式转移，包括公益事业和家族基金配置；代位继承式转移，包括信托和保险。这几种不同的转移方式适合不同的财富结构以及目标。从法律保护且安全稳定的角度来讲，信托和保险是最安全且受法律保护的。

二、重疾保险沙龙内容设计——白领篇

1. 客群分析

现代社会大部分客户对于癌症的认知已经不再像前几年一样"谈癌色变"了,重大疾病已经成为常见疾病,大部分白领客户都受过高等教育,对疾病等问题能够正确地认知和理解。但是市场上教育客户提前为自己储备健康金的课题不计其数,而专业、理性的辅导客户如何储备合理的疾病保障,如何有效运用杠杆原理进行设计的专题讲座却很少。白领客户的理性分析能力较强,我们只有通过专业的分析讲解,才能有效构建客户的信任度。

大部分白领由于工作压力等各种综合因素的影响,普遍面临以下几个问题。

首先,身体压力大会导致亚健康。这种亚健康的身体状态随着年龄的增长会越来越明显,也会让客户更加关注自己的健康情况以及保障情况。

其次,许多人并不清楚疾病到来时所面临的真正风险。对于从没有家人生过病或者没有去医院看过大病的人而言,很难理解在面临重大疾病的时候都需要怎样的大额开支。

最后,虽然治愈率越来越高,但医疗仍是稀缺资源。面对不同疾病的发生,如何选择合适的医疗机构,并且有针对性地对疾病进行分类治疗,是大部分客户面临的核心问题。

2. 逻辑模型

通过对该类客户的疾病医疗情况的痛点分析,我们总结了以下

专题的逻辑模型（见图 7-2 所示），供大家参考。

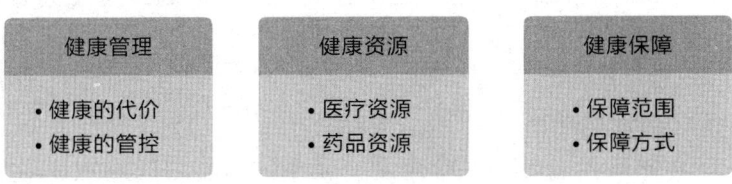

图 7-2　白领客群分析逻辑模型

3. 案例导入

健康是每个人都非常关注的话题，现代社会的白领阶层，大部分人都处于亚健康状态。随着年龄的增长，他们开始发现健康的重要性。年轻时候总觉得每晚熬夜写计划书、泡吧没什么问题，把父母关照的话远远地抛到脑后。年龄过了 30 岁，才发现自己竟然会失眠、健忘，听到重金属音乐也会心慌。这时候总是不得不自嘲一句："老了！"年轻时候用健康换金钱很容易，但是到了一定年纪才发现，用多少钱都换不来健康。

其实，健康是规划出来的，规划健康主要是要做好日常的保健和保养。身体问题大多数都是日积月累导致的，年轻的时候不觉得自己身体有问题，于是养成了不良的生活习惯，例如不吃早餐和熬夜。这些不良生活习惯会对身体造成一定的损害，经过天长日久的积累，在我们的身体机能逐渐下降，自身免疫力系统遭到破坏的时候，就会集体性暴发。因此，保养和保健对于身体健康非常重要，但是它们很难快速见效，需要我们长期的坚持。

但是我们如果要远离疾病带来的困扰，就要再增加一道"保护墙"——保险。人吃五谷杂粮,都难免会有点小病小灾,虽然大部分年轻人遇到一些类似感冒、发烧的小毛病可以通过常见的感冒药、退烧药来解决,但一旦遇到较严重的情况,还是要去医院治疗。

人们不愿意去医院,就是觉得医院费用很高,而且耗费时间和精力。其实如果我们做好保险规划,就不用担心去医院的费用了。

一般医疗保险可以分为社会医疗保险、疾病报销型医疗保险、重大疾病给付型医疗保险。针对不同的疾病和看病需要的费用,我们可以通过不同的保险保障来解决。

为什么有了社会医疗保险还需要办理商业保险?其核心问题就是我们希望享受怎样的医疗资源和医疗环境。相信《我不是药神》这部电影戳中了无数人的泪点,许多白血病患者因为吃不起一瓶药而饱受折磨,这样的情况其实并不少见,时至今日,医疗仍然是稀缺资源。虽然各大医院的医疗水平都在提升,治愈率也越来越高,但高级教授、专科门诊的专家挂号费和诊疗费依然非常昂贵。为此,很多保险公司为客户开通了绿色就医服务,就是为了让大部分客户都可以有机会获得这些稀缺的医疗资源。

社会医疗保险在近几年已经发生了非常大的转变,很多药品也被纳入社会医疗保险范畴,但是不得不说医学发展的速度远快于医保变革的速度,大部分特效药和一些进口药要纳入社会医疗保险报销范畴则需要一定的时间。而商业保险可以在这个时间提供补充,让客户不必担心药物的价格,更便捷有效地享受到高端医疗服务。

最后我们要合理地为自己配置医疗保障,这需要了解医疗保障的保障范围和保障形式。现阶段各家保险公司的产品都是非常人性化的设计，既保障一般的小病医疗，也包含了很多中症和重症，甚至更贴心的会有专门的女性保险和防癌保险等。大家可以结合自己较为关注的保障范围进行选择。

在保障形式方面，一般分为报销型和给付型。

一种是报销型医疗保险。

报销型医疗保险主要针对医院开具的单据进行报销，一般有一定的起始金额。这种报销型的保险很适合一般性的疾病医疗，因为就医结束之后不会有其他的费用开支，也不影响正常生活，等于用很少的钱为自己设置了很大的医疗保障。

一种是给付型医疗保险。

与报销型医疗保险不同，给付型医疗保险需要被保险人同保险公司就疾病以及其他条件进行合同约定。一旦被保险人满足合同中的条件，就可以获得补偿。

但针对重大疾病，还是建议大家进行报销与给付相结合的方式购买。原因是重大疾病的医疗费用中不仅包含基本的治疗费用，还会涉及术后康复的费用、人工照顾的费用、由于疾病导致失业的损失、疗养期间的营养费用等，这些费用在常规的报销型医疗保险中是无法报销的。而对于重大疾病的患者而言，随着治愈率越来越高，这些后续费用才是真正压垮他们的最后一根稻草。所以，我们在给自己配置综合医疗保障的时候，一定要结合自身需求来综合配置报销型医疗保险以及给付型医疗保险。

三、年金保险沙龙内容设计——教育篇

1. 客群分析

本节中给大家分析的教育金客户主要是新中产阶层的在职宝妈。这些女性本身具有较好的教育背景，对自己孩子的教育有较强的个人意识，在选择学校和综合能力辅导等方面也具备一定的辅导能力。

这些客户对先进的教育理念以及国际化、素质化教育的认可度高，针对教育类产品的投资能力很强。所以针对该类客户一定要以精英教育的理念导入，并且结合产品的特征体现精英财富管理的思维，让客户更自主地进行财富规划。

通过多年与高级白领之间的沟通和交流，我们不难发现大部分客户遇到的普遍难题是教育资源和教育环境的问题。随着素质教育越来越深入，很多家长也都意识到自己的陪伴和自己能够给孩子提供的教育资源是非常关键的。

家长在为子女提供教育资源的过程中，往往存在以下几个突出问题。

第一，家长没有充足的陪伴时间，更无法给孩子提供良好的开阔眼界的机会。

第二，在众多的课后辅导和兴趣学习班中找不到合适孩子的课程，只能按照自己的意愿给孩子选择课程，但往往孩子都不喜欢。

第三，除了基础的校园教育以外，大多数父母都希望给孩子提供一个更安全稳定的未来，却不清楚什么样的专业更适合未来的市场，更不清楚创业和工作到底哪种更适合孩子。

父母都不希望孩子一无所成，但如何让孩子一展抱负，这是需要提前规划和准备的。

2. 逻辑模型

通过对在职宝妈客户群体的分析，我们总结出以下的逻辑模型（见图7-3）。

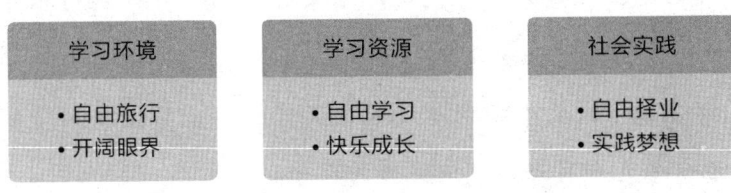

图7-3 在职宝妈客群分析逻辑模型

3. 案例导入

不同的学习环境，会给孩子带来的不同的成长空间。每一位家长都希望给孩子创造最好的教育环境和发展路径，但是现代精英教育已经不仅仅是选择了一所贵族学校就能够实现的。真正的教育来自于家长给孩子创造了怎样的教育环境和提供了怎样的教育资源。

现代社会的学习不能简单停留在课本教育，更多是培养孩子的眼界。俗话说，"读万卷书不如行万里路"，孩子的世界观是从观世界里得来的。家长都希望为孩子提供良好的教育环境，其中一个非常重要的因素就是我们带领孩子看到了怎样的世界。在孩子的教育中，父母的陪伴是非常重要的，尤其是跟父母一起旅行，这个过程既可以让孩子们看到不一样的世界，也可以培养孩子的综合素质。

我有一次去埃及玩，见到一个 5 岁的小男孩。他妈妈非常骄傲地跟我说，这个孩子去过 7 个国家，会 5 个国家的语言，还会骑马、潜水和弹钢琴。

在整个旅途中，这个孩子扮演了非常棒的小管家角色，跟每个人都相处得非常融洽，也很少随意哭闹。遇到自己想要的东西或者想去玩的地方，他都会很有礼貌地跟父母提出。即便玩得很累，他也只是找一个安静的地方睡觉。

我相信每位家长都希望带这样的孩子出门。从这个孩子的表现来看，他未来也更有可能成为优秀的人才。

此外，很多精英学校不仅要求孩子要学好文化课，也要求孩子有一技之长，如果希望孩子将来可以去国外的名校上大学，都需要学习绘画、音乐、雕塑、高尔夫、赛马、冰球、击剑等不同层次的文艺或运动项目。学习这些内容的目的不是让孩子以后成为艺术家、职业运动员，而是希望通过对艺术鉴赏和体育运动等学习，提升孩子的审美能力以及团队协作能力等。孩子学会的课外项目越多，与人社交的话题和经验也就越丰富。

未来的社会需要的不再是文化课成绩优异的"书呆子"，而是具有良好的思维和价值观认知的精英人士。父母要从小培养孩子的各项附加技能，但是每个孩子的潜能不同，父母既要根据孩子的潜能来培养，还要结合未来升学以及工作的需求激发孩子的兴趣。而保证孩子想学什么就学什么的储备基金也是一笔不小的数目。

孩子学业结束走向社会，才是最关键的时刻。我记得在《非诚勿扰2》里有这样一个片段,孙红雷扮演的角色说:"我不希望我的孩子以后想做什么就做什么,我希望他以后可以想不做什么就不做什么。"让孩子想不做什么就不做什么,可以说是最大的自由,但这里的意思并不是让孩子可以一事无成。

其实每个孩子在大学毕业的时候都面临重大抉择,这个抉择可能会决定孩子一生的命运。他们可以选择出国深造、考研进阶、自主创业或者自由择业。这一切选择的背后就是家长为孩子创造了怎样的环境。

为什么"富二代"会被人们羡慕?因为他们在学业结束后的选择非常多,而且没有压力。而大部分孩子希望在毕业后可以找到一份待遇优厚、稳定,并且有保障的工作。找一份稳定的工作固然好,但是千万不要让自己在青春年华中随波逐流。万一选择的行业未来遇到了替换性风险,自己又没有未雨绸缪,那时再后悔就已经来不及了。

所以作为父母,我们要想给孩子提供一个良好的发展环境,最好是可以让孩子在进行选择的时候不要因为收入困境而不得不做出选择。给孩子准备一笔创业金,可以让他们有机会一展抱负,即便失败了也无怨无悔。

综合以上几点,在精英教育的时代,要想给孩子创造良好的教育环境,家长们首先要确保为孩子提供一笔专属的教育基金,其次要在保证基础教育的前提下每年有一次到两次的自由旅行,可以有机会让孩子多元化的学习兴趣技能。如果父母们还有能力,可以给孩子配置一笔创业基金。

特别鸣谢

最近五年来,已有近万人参加过"精品小产会"这门课程。大家在课程中认真地学习、交流、分享和碰撞,让我有信心将这本书完成。同时也是所有学员的分享,不断地帮助我强化和改善课程的内容,我才能够将更多大家关心的知识点不断迭代。

本书中所阐述的部分案例来自我的优秀学员们,我对你们一如既往的支持表示感谢。我也将继续和大家交流学习心得和体会,不断探索精品沙龙营销发展的新路径。